国家级大型活动
传播国家形象的路径与对策

COUNTERMEASURES AND SUGGESTIONS
FOR PROMOTING NATIONAL IMAGE THROUGH NATIONAL LEVEL
LARGE-SCALE EVENTS

王 井/著

社会科学文献出版社
SOCIAL SCIENCES ACADEMIC PRESS (CHINA)

目　录

第一章　国家叙事理论综述 ·················· 1

　　第一节　国家叙事理论：四种范式及其功能框架 ·········· 1

　　第二节　中国故事的国际传播内容：三种资源的整合 ········ 4

第二章　重大体育赛事对国家形象传播的影响与路径 ······· 15

　　第一节　以武汉网球公开赛为例探究国家形象传播路径 ······ 16

　　第二节　以杭州亚运会为例探究中国国家形象传播路径 ······ 47

第三章　两会会议对国家形象传播的影响 ············ 61

　　第一节　重大会议与国家形象传播文献综述 ·········· 61

　　第二节　两会综合议题分布 ················· 65

　　第三节　打好两会名片，讲好中国故事 ············ 82

第四章　"一带一路"倡议对国家形象传播的影响 ········ 85

　　第一节　讲好中国故事的研究综述 ·············· 85

　　第二节　"一带一路"倡议对国家形象传播的影响 ······· 90

　　第三节　提升"一带一路"国际影响力的政策建议 ······· 99

第五章　全球经济类会议对国家形象传播的影响 ········ 103

　　第一节　全球经济类会议媒体报道情况 ············ 103

　　第二节　世界级经济类会议的国际传播效果和特点 ······· 118

　　第三节　世界级经济类会议国际传播的成功经验 ······· 124

第六章 全球科技类峰会对国家形象传播的影响 ················· 126

第一节 乌镇峰会基本情况及研究设计 ················· 126

第二节 乌镇峰会新闻报道概况 ················· 131

第三节 乌镇峰会对国家形象的影响及宣传的不足 ················· 144

附录 塑造新时代中国大国形象：中国制造的品牌形象建构

与海外认同 ················· 150

参考文献 ················· 166

后 记 ················· 169

第一章　国家叙事理论综述

第一节　国家叙事理论：四种范式及其功能框架

现有研究讲述中国故事的文献主要集中在以下两个层面。一是国际关系层面，当前学界的提法为国家公共关系，其主要针对"国际话语权"，结合福柯的权力话语理论，将国际话语权聚焦为符合西方霸权思想的国家隐性权力，[①] 即话语控制力。二是文化层面，主要针对软实力，文化、意识形态吸引力。软实力由哈佛大学肯尼迪政治学院原院长、美国国防部前部长助理约瑟夫·奈提出。约瑟夫·奈在《注定领导：变化中的美国力量的本质》一书中明确指出，软实力最可能的资源是制度、价值观念、文化和政策，是一种"软性同化权力"，是能够影响他国意愿的无形的精神力，即话语能力。中国国际话语权提升取决于多重维度：第一，必须建立相关传播要素、传播资源的能力匹配机制；第二，必须拥有良好国际关系所赋予的话语发表权；第三，必须拥有针对国际政治经济秩序的话语控制力。要通过讲好中国故事提升中国国际话语权，必须围绕上述维度下足功夫。

一　国家叙事的四种范式

叙事就是讲故事。叙事学来源于苏联学者普洛普所开创的结构主义叙事，其发现了故事与情节之间的差异。后来借助索绪尔的符号学，叙事学

---

① 〔法〕米歇尔·福柯：《规训与惩罚——监狱的诞生》，刘北成、杨远婴译，生活·读书·新知三联书店，2007。

从微观文本叙事走向社会宏大文本叙事，其自 20 世纪 60 年代成长为一门独立的学科起，已走过 50 余年的发展历程，可分为"结构"与"后结构"两个不同派别，经典国家叙事学强调共时性，需要对构成事物整体的内在各要素即作品之构成成分、结构关系、叙事语法、运作规律等之间的关联展开具体叙事作品意义的诗学探讨。而后经典国家叙事学扩大了文本研究的范围，强调从历史的演变中看待特定地区或国家的社会现象，其将注意力转向了结构特征与读者阐释相互作用的规律。在过去的半个多世纪里，国家叙事逐渐形成了故事、话语、语境和文化四种范式。

①故事范式：早期以"神话或传说"为研究对象，后来转为对社会共识和共同遵守的社会规范进行叙事结构主义研究。

②话语范式：关注国家叙事怎样表述社会共识，促成社会经验的固化。该范式强调故事是话语的题材，话语是故事的表达形式。

③语境范式：在不同的国家或统一国家的不同发展阶段，社会共识是怎么通过实际使用产生的？比如故事、神话和传奇在不同的发展阶段和地域是怎样被讲述的？社会共识的意义只有根据语境才能确定。

④文化范式：语境范式的一个重要分支，从社会、历史、意识形态角度研究叙事。

二 国家叙事的功能框架

讲故事是一种人类本能，Bruner 在提出"国家叙事天赋"（narrative gift）是一种深刻的、跨文化的癖性时，也指出国家叙事与国家民族认同之间的关系。[1] Fina 将国家叙事和叙事语境之间的潜在联系梳理为三个层面。[2]

1. 故事范式：整合国际社会经验

Bruner 认为，叙事是我们在文明社会中集体生活的前提条件。正是叙事的象征手法将个体经验转化为可流通的"共同货币"，如果我们人类没

---

① J. Bruner, "Life as Narrative," *Social Research* 54, No. 1 (1987): 11-32.

② A. D. Fina, *Identity in Narrative: A Study of Immigrant Discourse*, Philadephia: John Benjamins Publishing Co., 2003.

有按叙事方式处理和交流经验的能力，社会集体生活将无法进行。叙事认同体现为叙事者对特定文化叙事资源（如神话、传说、传奇等）的合理运用。在国际社会里表达我国传统文化故事，打造故事软实力、巧实力的三大神器：一是概念隐喻，即故事的修辞工具和叙事技巧；二是神话原型，即故事的品牌个性和人物特征；三是价值观，即故事的主题诉求。

2. 话语范式：黏合国际异质文化

故事的本质应当是通过一定的规则组成的话语。交流者能够读懂别人的话语规则，不再依赖于共享狭隘的人际生态位，而要共享由神话、传说和常识组成的"共同背景知识"。叙事认同体现为基于叙事的话语规则的协商，叙事者在赞同或反对某个外在定义的社会角色时，起到建立、反思或否定社会关系的作用。同时话语规则还承担着社会交际和文化适应的重要功能。在 Bruner 看来，国际社会分享故事是相互理解的开端，他提出故事可能发挥某种文化的"黏合剂"作用。这不仅是因为故事能为我们提供一整套我们都认同和追求的普遍规范，更为重要的是，故事还能帮助我们理解和接纳特殊性。Bruner 同时指出，正是由于具备了这种"解决冲突、阐析差异和重构共识"的扩展能力，文化才会长存。将异质文化的特殊性渲染为"有悖于常规但可以理解的偏差"，对于文化建构来说必不可少。

3. 语境范式：促进国际社会文化交流

故事的语境能使人忽略子文化圈的多样性，超越民族、政党概念来提升同一国家文化的内聚力。这同样也适用于国家文化间，分享反映人类共性的故事，自然能促进不同文化背景的人相互理解。比起简单的人际交流，这建立在一个更为宽泛的基础之上。正如 Smith 所言，人类在相互讲故事的过程中会结下最深挚的友谊。Smith 解释国家叙事又有如下的阐述：向他人透露自身的故事，还包括显露和分享建构自我的要素。[①] 由此我们能从深层次上了解彼此——超越纯粹的差异，形成建设性关系，并可能获得真正的理解。叙事认同体现为基于叙事语境的群体归属的表述和协商，群体归属感作为分类标签，界定对价值观、信念和行为方式的遵从状况，

---

① M. Smith, "The Rhetoric of Narrative in Fiction and Film," *Journal of Aesthetics and Art Criticism* 50, No. 3 (1992): 253–254.

讲故事为叙事者提供了一个对其特性与行为进行评价和归类的机会。归结起来，叙事不仅帮助我们界定自我、寻求群体归属，还会引导他人修正我们的现有角色定位，进而打破现有社交关系格局。

第二节　中国故事的国际传播内容：三种资源的整合

当前我国传播内容"硬"度足而"软"度缺。"硬文化"主要是指反映各方面生活的有形文化，包括旅游文化、服饰文化、习俗文化、汉字文化等，传播难度不大，易于被接受；而"软文化"主要是指反映精神风貌的无形文化，包括文化理念、心态文化、思维文化、艺术文化等，传播难度大，不容易被接受，却是跨文化传播最重要的目标。[①] 而目前我们对外文化传播的内容显然更重视"硬文化"，在"软文化"方面还比较欠缺，中国文化价值观层面的内容还缺乏更有效的传播载体和渠道，尚未被认同和接纳。

一　"三种中国故事"的国家叙事主题内容

"三种中国故事"的说法由来已久，且内涵各异。一是梁启超提出的空间维度上的"三种中国故事"——中国的中国故事、亚洲的中国故事和世界的中国故事。二是美国华人学者杜维明提出的文化维度上的"三个中国文化圈"——第一个中国文化圈是由海峡两岸暨港澳，以及新加坡组成的华人文化圈；第二个中国文化圈是指北美和东南亚的少数华人文化圈；第三个中国文化圈则无关血统，是了解中国文化，热爱和促进中国文化传播的国际友人圈。三是中国人民大学教授王义桅于2015年提出的"三种中国故事"[②]——传统中国故事、现代中国故事和全球中国故事。本书的写作目的是面向国际社会传播中国文化，因此采取王义桅教授提出的"三种中国故事"的观点，将中国故事分为传统文化故事、现代化发展故事和全球化故事，这三种故事在三种范式（故事范式、话语范

---

① 周鑫宇：《中国故事怎么讲》，五洲传播出版社，2017。
② 王义桅：《中国故事的传播之道》，《对外传播》2015 年第 3 期。

式、语境范式）等方面存在较大不同。

首先，传统文化故事以文明国家为想象对象，以中国传统文化这个"意义之网"为纽带，以几千年世俗的中华文明为主线，讲述中华文明复兴与转型的五个故事主题，[1] 即中国五类传统故事主题，其是由文化理念、文化仪式、文化符号、文化产品、文化信仰构成的元故事。2012 年中央电视台的纪录片《舌尖上的中国》能够风靡海内外，与其巧妙处理物质和精神文化元素的推介次序相关。《舌尖上的中国》在讲述一个个美食演进的传统历史故事的同时，隐性植入了中国人的精神文化元素，以美食为媒介展示了中国人的传统价值观、人际关系、生存状态甚至是哲学思考。

其次，现代化发展故事以民族国家为想象对象，以民族独立、国家主权独立为核心，通过实现"四个现代化"的现代性国家形象，讲述中国从量上、质上如何创造现代化奇迹，并开创人类现代化新模式的现代化故事。中国现代化的创新故事，即工业现代化、农业现代化、科技现代化、军事现代化、国家治理现代化的创新故事。

最后，全球化故事是以人类命运共同体为想象对象，以融入全球化、塑造全球化和摆脱全球化困境为发展目标的全球性国家故事，讲述改革开放以来中国从经济全球化的参与者转变为主要推动者的全球化中国故事，比如"一带一路"的故事，重点讲好政策沟通、设施联通、贸易畅通、资金融通、民心相通五类故事主题。

二　"三种中国故事"的国家叙事语境场域

中国的文化吸引力来自三个方面：传统中国古老文明的文化感召力、现代中国现代化发展过程中的文化创造力和全球中国在国际治理中的文化公信力。

1. 国际民间话语场：对外建构传统文化故事的国际民间话语体系，提升中国文化价值观的国际话语权和文化感召力

2018 年初，当代中国与世界研究院发布的《中国国家形象全球调查报告 2016—2017》显示，尽管 22 个国家的民众对中国整体形象的好感度稳

---

[1]　傅修延：《中国叙事学》，北京大学出版社，2015。

中略有上升（平均得分为 6.22 分，10 分满分），但海外民众对中国文化的认知仍停留在较浅层面，如他们认为最能代表中国文化的元素是饮食、中医药、武术等。华东师范大学与美国纽约州立大学合作的调查项目中，有一个项目名为"'一带一路'国家来华留学生对中国形象的认知及传播"。这个项目探讨了来华留学生对中国形象的认知和传播意愿，通过词汇联想测试和问卷调查等研究方法，发现共建"一带一路"国家来华留学生对中国形象具有较为真实、全面积极的认识，并且有强烈的传播中国形象的意愿和动力。近年来，好莱坞电影点缀中国元素变得流行起来，其由早期的对中国元素的一味堆积拼凑转向开始去领悟中国文化的深意，基本都是借用中国古典故事的框架。2016 年，英国广播公司（BBC）接连推出三部有关中国的纪录片：《中华的故事》（*The Story of China*）、《中国新年：全球最大的庆典》（*Chinese New Year: The Biggest Celebration on Earth*）及《中国创造》（*Designed in China*）。这三部纪录片明显采用了比较客观、中立的角度来讲述中国故事和塑造相对立体真实的中国形象。

2. 国际官方话语场：建构现代中国发展故事，提升中国的国际话语权和文化创造力

在跨文化传播中，我们无法忽视不同地区民众对他国文化的"刻板印象"。当外国民众对中国文化没有深入、实质的了解时，他们容易对中国及中国文化产生固定、僵化、不易改变的评价。据调查，海外人士了解中国的主要渠道是当地的传统媒体、新媒体和使用中国产品，而中国在当地推出的传统媒体与新媒体，则鲜有人问津。甚至海外人士不接触中国媒体的首要原因是"不知道应该看什么中国媒体"和中国媒体"话语表达方式不地道，看不明白"。中国青年报社社会调查中心联合问卷网发布的调查报告《85.0% 受访青年觉得学好中文越来越重要了》数据显示，多于 70% 的海外民众"了解中国的官方渠道"是"上汉语课"。尽管我们也推出了包括传统媒体和新媒体在内的多种对外文化传播渠道，对外传播的声势不小，但由于文化差异和刻板印象，加之我们缺乏"精准传播"，整体效果还不够理想。

中国和发达国家相比，尽管在工业化基础、技术创新和产业转型等方面底子不足，但中国在某些领域已经领先，具备了"弯道超车"的可能。比如金融科技创新领先，移动支付全球第一；无人驾驶、大数据应用进步

很快。当下区块链、AI 医疗、新零售、金融科技、人工智能这些热门概念构成了现代中国故事丰富的资源库。中国发展故事的讲述关键在于搜寻现代不同国家发展文化之间的相通点，比如讲好互联网故事，发掘跨地域文化价值观的共享性意义。

3. 国际公共话语场：建构全球中国故事国际公共话语体系，提升中国全球治理话语权和文化公信力

以孔子学院为例，截至 2017 年底，我国在亚洲、非洲、欧洲、美洲和大洋洲的 146 个国家（地区）建立了 525 所孔子学院。10 余年间，孔子学院从无到有，由少而广，已成为对外推广普通话和传播中国文化的全球性机构。但是，孔子学院的分布呈现明显的不均衡性，在美国和欧洲等地分布较多，而广大亚非拉国家尤其是我们的周边国家、其他共建"一带一路"国家布局相对较弱。多种因素造成的这种不均衡的布局，显然不完全符合中国文化对外传播的全球战略任务要求。同时，讲述"一带一路"故事，站在历史和世界的层面思考"一带一路"，从人类命运的高度解读"一带一路"，需要考虑与"一带一路"利益攸关的地缘政治，休戚与共的经济联系，以及水乳交融的文化关联。当前，要讲好人类命运共同体故事，助推中国特色、中国风格、中国气派走向世界，在世界话语体系中赢得席位。

基于以上国家叙事与语境的关系，从国家叙事层面梳理"讲故事—话语权—软实力"的对话机理、互文性逻辑关系、叙事结构和叙事语义，必须首先廓清国家叙事内容、国家叙事规则和国家叙事语境三维度，中国故事国家叙事三种路径如表 1-1 所示。

表 1-1　中国故事国家叙事三种路径

国家叙事类型	领域	功能层面	影响层面	类型	叙事范式
传统文化故事	特定文化资源	整合国际社会经验	感召力	传统故事/全球化传统故事	故事范式
现代化发展故事	物质技术层面	黏合国际异质文化	创造力	发展故事/全球化发展故事	话语范式

续表

国家叙事类型	领域	功能层面	影响层面	类型	叙事范式
全球化故事	各类文化价值观（或各类规范共识）中的相通点	促进国际社会文化交流	公信力	共同体故事	语境范式 文化范式

传播的场域与话语规则也是多样的，最优传播的影响因素和实现条件也不同。多维度传播要实现的目标就是通过多种资源库组合使国际受众抗性最小，即国际认同最大化，这就是最优传播路径，这样才能达到最优传播效果。中国故事在跨国性传播中必然卷入不同国家或地区的文化价值观冲突当中，不同地区受众的接受度、认知水平及外部环境的差异都会导致一个地区国家故事的最优传播在其他地区无效。即使在同一个地区的同一时刻，讲述国家故事也有多种组合的可能，因此研究必须聚焦中国故事所传递的文化感召力、创造力、公信力，发掘具有共享性意义的文化价值观，寻找国际话语空间的"最大公约数"。

三 中国故事的国际传播能力：两个维度的交叉

有研究发现，《人民日报》的脸谱官方账号发布的内容，主要涉及社会、文化、政治领域，这部分信息虽然旨在塑造良好的中国国家形象，但是在传播中依然存在单向传播（缺乏社交平台的互动性）、内容过于单一等问题。从传播话语来看，对外文化传播和对外宣传两种概念不清晰，文化传播仍然显得正式和正规，在形式上过于强调"高大上"，导致西方国家仍将我们的对外文化传播视为"外宣"策略，如 BBC 在报道中国对外的文化传播叙事时，就多次进行负面评价。通过讲好中国故事提升中国国际话语权，必须提高故事话语质量，创新战略沟通话语规则策略，提升公共关系和战略传播技巧，彰显"巧战略"思维的国家叙事意识。

话语规则体现在话语能力和话语控制力两个交叉维度上。以往我们在国际上讲述中国故事，比如"中国可以说不""大国崛起"议题，以及G20峰会、达沃斯论坛系列"区域一体化"议题，这种单议程叙事呈现渐变规则，在我们讲述从"传统中国"到"现代中国"的叙事议程中，议题传播力表现为话语能力逐渐下降、话语控制力有所提升的趋势。比如在讲述《舌尖上的中国》《了不起的村落》这种传统中国故事时，国际上比较认可我们的话语能力。但在讲述现代科技创新故事时，比如G20峰会、世界互联网大会乌镇峰会等，国际上对我们话语能力的认同度降低，对我们话语控制力的认同度则升高了。

1. 单维度渐变的传播能力

在单维度叙事模式下（见表1-2、表1-3），在针对某个特定国家或区域的传播中，即对外进行精准文化传播的时候，我们一般强调话语能力，弱化话语控制力。而面对国际不特定的受众群体，即对外宣传时，则强调话语控制力，弱化话语能力。但是此单维度叙事模式一端强调，另一端并非直线弱化，而是话语能力弱化同时话语控制力也相应弱化。

表1-2　单维度中国故事的叙事范式

故事案例	故事资源库	国际话语场	文化价值观	话语能力	效果
《舌尖上的中国》《了不起的村落》	传统中国文化故事	国际民间话语场	中国文化价值观国际话语权	话语能力	文化感召力
金砖国家峰会、G20峰会	现代中国发展故事	国际官方话语场	中国政治性国际话语权	话语控制力	文化创造力
世界互联网大会乌镇峰会、"一带一路"	全球共同体故事	国际公共话语场	中国全球治理国际话语权	话语能力+话语控制力	文化公信力

表1-3　单维度中国故事的叙事路径

案例	故事讲述者	国际叙事范式	渠道	受众	口号
《舌尖上的中国》《了不起的村落》	国内讲述者	故事范式	电视纪录片	国际民间受众	民族的也是世界的
G20峰会、金砖国家峰会	国内/国际讲述者	话语范式	国内国际媒体报道（新闻、图片、视音频）	国际官方受众	大国崛起
世界互联网大会乌镇峰会、"一带一路"	国内/国际讲述者	语境范式	国内国际媒体报道（新闻、图片、视音频）	国际公共领域受众	一个世界一个村

单维度国家民族叙事，是传统故事—全球化传统故事—现代发展故事—全球化现代发展故事这样逐步发展的一种单线性模式。

在特定的单维度叙事模式下，在教育部中外语言交流合作中心（原国汉办）推动的孔子学院和官方主导的媒体之外，我们可以探索更为灵活的民间的、个人化的文化传播方式，要充分有效利用民间团体和个人实现文化"走出去"。鼓励具有创新性、融合性的影视、文学艺术走出国门，加强民间组织、民间文化的交流。要充分挖掘中国文化资源，打造文化附加值高的文学艺术和电影电视精品。大片和美剧是美国最重要的文化输出工具，近年来韩国也非常重视通过影视作品开展对外传播。"叫好又叫座"的影视作品，不仅可以有效传播文化，还可以获取经济收益。在全球知名的问答网站 Quora 上，中国电影被认为"缺少创新性""缺乏多元化表达"，因而并不受到国际主要受众的欢迎。但外国受众同时表示，中国拥有"丰富的文化资源"和"全然不同于西方的话语体系"，可以发掘更好的电影素材。我们可以充分借鉴韩国经验，用中国智慧打造独具中国文化因子的佳作。

2. 多维度整合的传播能力

多维度国家叙事应立足全球公共空间。应运用语境范式、文化范式，整合传统故事、全球化传统故事、现代发展故事和全球化现代发展故事四大叙事模式建构国际公共话语场，同时提高话语能力和话语控制力，讲述全球共同体故事。而在多维度整合话语能力和话语控制力两大话语规则条件下，这四大叙事模式并不是互相排斥的，故事可以是多元的，在许多情况下能达到整合传播的效果。这样在话语能力和话语控制力方面能实现国际认同的最大化，达到高级别的国际认同（见表1-4）。

表1-4 多维度中国故事的叙事范式与路径

整合目标	故事资源库	故事讲述者	国际叙事范式	渠道	受众
形成人类命运共同体	乡村振兴	国内讲述者	传统故事	电视纪录片	国际民间受众
	"一带一路"	国内/国际讲述者	全球化传统故事	国内国际传统媒体报道（新闻、图片、视音频）+新媒体	国际公共领域受众
	大湾区建设	国内讲述者	现代发展故事	国内传统媒体+新媒体	国际公共领域受众
	国际峰会、重大体育赛事、国际救援等	国内/国际讲述者	全球化现代发展故事	国内国际传统媒体报道（新闻、图片、视音频）	国际官方受众

如何立体讲述中国故事？以浙江大湾区建设为例，要多维度整合传播力。一方面要讲好传统故事，全球三大知名湾区旧金山湾、纽约湾和东京湾的经济发展在全球有着重要影响力，以海湾资源带动经济发展的模式已经有成功的案例，这就为同样依靠海湾资源推动经济发展的浙江大湾区的发展提供了参考，也有利于借此对外进行浙江大湾区建设的宣传；另一方面要讲好发展故事，浙江大湾区应立足现有产业优势，整合产业链，瞄准未来产业发展，打造高水平互联互通的若干世界级产业集群，以及世界级港口集群、世界级机场群和交通设施网络，随着浙江大湾区建设的实施，其现代发展故事不仅惠及中国民众，更为世界民众带来发展机遇。浙江大湾区建设还要讲好中国现代发展故事，为后进国家的现代化之路拓宽思路。中国现代发展故事解决的是发生在中国的世界性问题，同时希望其他新兴国家能回避这些问题，这样的故事与其他国家具有共通性。

四 国家叙事理论视角："人类命运共同体"理念的对外传播方案

"人类命运共同体"是一个重要的理念，含有极为丰富的内容，因此我们要在叙事内容、叙事规则、叙事场域语境上下功夫。当前，要进一步细化框架，设置合理的框架和多级议题，巧妙地将丰满的中国形象嵌入"人类命运共同体"理念的传播中。同时在国际民间话语空间、国际官方话语空间和国际公共话语空间，针对不同的受众、媒体、地域，要采取相应的传播方式。特别是要重视青年受众和新媒体的传播，要加强微视频、图片、动漫等更多传播方式的运用。要重视议题与话语的"非"意识形态化和"非"政治化。在"人类命运共同体"理念传播中，我们要注意，一些"非"意识形态化和"非"政治化的议题与话语更能引人关注，可以通过提高文化价值观国际话语权来提升中国在全球治理中的国际话语权，从而在国家形象传播中产生更为积极和正面的影响。通过叙事提升国际认同需要解决好两个问题①：什么样的故事是适用于提升国际认同度的好故事？怎样才能以国外民众接受的语言、逻辑和方式来讲好"人类命运共同体"的构建故事？

---

① 任孟山：《国际传播的路径逻辑：从能力到效力》，《对外传播》2017年第1期。

第一，从议题级别看，要分别建立包含传统中国、现代中国、全球中国的宏观、中观、微观三级议题。第二，从议题生产角度看，要依靠传统中国文化故事资源库生产中国国际民间话语，依靠现代中国发展故事资源库生产中国国际官方话语，依靠全球共同体故事资源库生产中国国际公共话语。第三，从议题框架角度看，要依靠中国国际民间话语框架规范建构中国文化价值观国际话语权，要依靠中国国际官方话语框架规范建构中国政治性国际话语权，要依靠中国国际公共话语框架规范建构中国全球治理国际话语权。第四，从国际传播力生成机制角度看，要通过文化价值观话语权生成文化感召力等话语能力维度，通过政治性国际话语权生成文化创造力等话语权利维度，通过全球治理国际话语权生成文化公信力等话语控制力维度。第五，采用国际叙事多维组合传播策略，即整合国际民间话语资源，提升中国文化价值观国际话语权和文化感召力；整合国际官方话语资源，提升中国政治性国际话语权和文化创造力；整合国际公共话语资源，提升中国全球治理国际话语权与文化公信力。

1. 锁定目标受众，实现精准传播

目前我们跨文化传播的误区是偏重传播者主体意识，片面强调我们要传播什么，而缺少受众客体意识，对我们想让"他人"接受什么以及"他人"怎样才能接受"我们"这类议题缺乏研究。[1] 此外，在现阶段的文化传播中，应摒弃面面俱到的传播策略，转而锁定特定年龄层、宗教背景和文化背景的人群。

2. 以物质文化的认同为前提，夯实精神文化的认同基础[2]

2018 年初，当代中国与世界研究院发布的《中国国家形象全球调查报告 2016—2017》显示，尽管 22 个国家的民众对中国整体形象的好感度稳中略有上升（平均得分为 6.22 分，10 分满分），但海外民众对中国文化的认知仍停留在较浅层面，如他们认为最能代表中国文化的元素是饮食、中医药、武术等。调查结果表明，我国对外文化传播目前仍处于初级阶段，

---

① 王越、王涛：《文化软实力提升中国话语权探究》，《东北师大学报》（哲学社会科学版）2013 年第 5 期。
② 张恒军：《"一带一路"倡议与当代中国价值观的国际传播》，《传媒》2017 年第 15 期。

被认知的多是生活应用层面的浅文化，深度的文化价值接纳和认同不足。我们需要从物质层面入手并逐步上升到意识形态层面，以物质文化的认同为前提夯实精神文化的认同基础，这是在国际叙事中推介文化元素时值得遵从的路径。中国传统故事中"和而不同""和谐发展""平等互利"等价值理念值得扩充到国际社会的普遍价值观中。

3. 提升叙事技巧，熟悉国际文化传播规律

用别人的嘴来说话，比我们自己说更有说服力。讲好"中国故事"，可以有多元的主体，用不同方式讲、由不同人来讲，效果大不一样。应提升特定语境下的叙事技巧，熟悉国际文化传播的游戏规则，做到"讲好故事"与"传播好故事"齐头并进。我们当前的传播策略"显性"强而"隐性"弱。

相比较而言，美国等西方国家的对外文化传播一般更重视"隐性"的策略，精心"包装和伪装"多样的传播方式和载体进行"文化渗透"，从这个角度而言，我们在文化传播的策略方面"显性"更强一些。我们需要构建一种具有中国特色的新概念、新范畴、新表述，有效回避和祛除文化霸权色彩，使其具有可交流性、可体验性、可共享性。

随着新媒体的兴起，中介化的叙事逐渐占据主流，我们需要采用更开放的文化传播策略，大量运用社交网络平台进行文化传播。尽管中国部分主流媒体已入驻脸谱和推特，但国内民众无法参与国际主要社交网络，中国文化的传播渠道变得较为狭窄，导致传播话语不够丰富，缺少弹性和柔性。当前我们对新媒体的运用还是比较有限的。最重要的是，由于我们在海外媒体和社交网络中声音较弱，对中国"神秘化"和"妖魔化"的信息几乎形成"一边倒"的传播态势。建议在不断提高网络信息管理水平的同时，采用更开放的文化传播策略，更为大胆地运用新媒体平台，让海外主要社交媒体成为中国文化传播的主阵地。在对外文化传播方面，建议采取双面传播的策略，摒弃"只说好话"的单面传播，真诚而大胆地进行"双面传播"，既要讲中国的悠久文化、大国气象，也要客观讲述目前发展面临的问题、困难和处境。这样反而会起到遏制谣言和负面评论的作用。

西方世界并非铁板一块，全球各国对中国文化的认知和评价是不同

的。多项调查均显示，发展中国家对中国的印象好于发达国家，即使在发达国家中，对中国文化的认知也存在差异。鉴于此，我们应进一步优化对外文化传播格局，加强对发展中国家、欧盟尤其是共建"一带一路"国家和地区的文化传播，在世界上团结更多的朋友。

第二章　重大体育赛事对国家形象传播的影响与路径

　　从国际社会的角度看，一个国家的国际形象是其历史文化底蕴的综合反映，是其经济发展水平和社会进步水平的综合体现。国家的国际形象作为一种重要的无形资产，是全球化背景下城市整体竞争力体系中不可或缺的要素之一。国家良好的国际形象不仅可以使国家形象得以展现，还能形成强大的国家形象品牌号召力和美誉度，带动经济、文化、旅游产业发展。

　　"大型赛事"这个词组最早可以追溯到西方学术界关于旅游业的研究。罗奇（Roche）从项目管理论角度，将体育赛事分为超大型赛事、特殊赛事、特点赛事、社区赛事，但未明确大型赛事的具体概念，只是将其作为现代社会的一次盛大的"狂欢节"，指一些具有戏剧特征的大型文化、商业或体育活动，这些活动代表了民众的追求，具有重大的国际意义。大型赛事具备国家和国际影响力，政府投入资源与人力进行扶持，可以取得较好的反响并得到社会认同，因而政府可借此传播国家形象。

　　武汉网球公开赛（以下视情况简称"武网"）主体赛事是国际女子网球协会（Women's Tennis Association，WTA）超五巡回赛，是 WTA 的十大顶级赛事之一。武汉网球公开赛作为具有代表性的重大体育赛事，通过对其研究分析，可以窥一斑而见全豹，对体育重大赛事有一定的了解，由此提出一定的建议，更好地传播中国的国家形象。

第一节　以武汉网球公开赛为例探究
国家形象传播路径

武汉网球公开赛作为国内三大具有影响力的网球赛之一，自 2014 年首次举办以来，已连续多次举办。2015 武汉网球公开赛吸引了 80 名单打选手、32 对双打选手、70 名司线员、12 名主裁、90 名球童（其中包括 4 名法网球童）参与比赛、裁判和赛事服务工作，在短短的 9 天之内为 120449 名观众贡献了 104 场高质量比赛，间接和直接志愿者人数达到 730 名，门票收入近 1000 万元。

为了配合和推广武汉网球公开赛，赛事运营主体——武汉体育发展投资有限公司以"爱网球，一起来！"为主题，组织策划了武网地铁巡演、城市俱乐部巡回赛、大学生网球巡回赛、中国沙滩网球公开赛、ITF 国际女子网球巡回赛等系列活动。上述一系列的宣传与推广活动，旨在巩固和加强网球运动的群众基础，推动武汉网球运动快速发展，取得了良好的社会效益。

2015 武汉网球公开赛的成功举办，离不开武汉市委、市政府的高度重视，离不开市各有关单位和部门的大力支持，离不开国家、省市体育部门的关心和帮助，离不开社会各界的帮助与协作，更离不开武汉体育投资发展有限公司全体员工的努力与拼搏。正因为借助了政府以及社会各界的力量，同 2014 武汉网球公开赛相比，2015 武汉网球公开赛在赛事运营管理绩效、赛事总体满意度、赛事社会经济价值、赛事品牌价值以及赛事对举办城市的综合影响等方面，均取得长足的进步，不仅为武汉市乃至全国人民奉献了一场高水平、高规格、高质量的网球盛宴，而且为传播中国国家形象、讲好中国故事作出了自己的贡献。

武汉网球公开赛作为一个城市主办的网球赛事，不仅在国内，在国外也有一定的影响力。对武汉网球公开赛的评估可以从两个角度出发，即客观环境的评估、主观满意度的评估。由此总结优劣，探寻传播中国国家形象、讲好中国故事的路径。

一　武网举办条件和满意度分析

（一）举办条件分析

2015 武网举办条件和环境评估结果属于"较好"评判级，隶属度为0.49425，接近 0.5。隶属度取值在［0，1］区间内，值的大小表示武网举办条件和环境评估的结果属于"较好"评判级的程度高低，这说明从赛事宏观环境、赛事资源条件、赛事影响力、赛事竞争环境四个层面来看，武网具有较好的举办条件和较好的基础环境。

根据赛事宏观环境的评估结果，武网具有较好的宏观环境，隶属度为0.635，说明赛事宏观环境隶属"较好"评判级的程度较高。武汉经济的发展、居民的收入和消费结构为武网赛事的举办提供了良好的经济基础，政府的支持与运营团队的运作为赛事的举办提供了保障，热爱体育的人文环境、居民的支持为赛事的举办奠定了基础，李娜这一网球名片也为武网的赛事传播提供了有利条件，在武汉举办网球公开赛具有政治、经济、文化等方面的优势，并具有广阔的发展前景。

根据赛事资源条件的评估结果，武网具有较好的资源条件，隶属度为0.5075，说明武汉网球公开赛的场馆设施建设处于世界一流水平，赛事服务处于国内一流水平，赛事技术服务、赛事运营管理以及赛事组织与传播等都具有很好的保障，并得到国际体育组织、球员、教练、观众等多方的认可和赞许。

根据赛事影响力的评估结果，武网赛事的影响力属于"很好"评判级，隶属度为 0.505，结果显示武汉网球公开赛的知名度高，赛事具有很好的成长性，与武汉的形象非常吻合。

根据赛事竞争环境的评估结果，同期同类型赛事和同城其他大型活动对武网的影响属于"较大影响"评判级，隶属度为 0.445，表明武网赛事竞争环境隶属"较大影响"评判级的程度一般。虽然同期在北京举行的中国网球公开赛（以下简称"中网"）在一定程度上对武汉网球公开赛造成影响，但也给武网带来了一定契机。中网是 WTA 皇冠明珠赛事，由于赛期相近，不少顶级选手选择同时参加中网和武网，机遇与挑战并存。

（二）武汉网球公开赛满意度评估

1. 2015武汉网球公开赛总体满意度评估

（1）满意度评估简介

满意度是评价大型体育赛事办赛质量的重要指标，对大型体育赛事可持续发展和商业化运作具有重要影响。对于2015武汉网球公开赛，评估组甄选现场观众、媒体、WTA和球员四个重要群体的满意度作为评估参数指标。在评估过程中，运用文献资料法和专家访谈法，收集评估的指标项目，通过专家访谈与研究小组访谈相结合，对指标严格筛选，最终确定评价指标体系。

（2）满意度评价指标体系

满意度评价指标体系如表2-1所示。

表2-1　满意度评价指标体系

一级指标	二级指标	三级指标
现场观众满意度	比赛质量	提供赛事信息、明星阵容、球员竞技表现、现场秩序
	赛场环境	进出和如厕的便利性、现场环境、硬件设施先进性、场馆规模、标识清晰度、公共交通、停车
	赛事消费	购票便利性、门票价格、食品饮料、就餐便利性
	组织与服务	后勤和安保、工作人员服务、赛程时间安排
媒体满意度	增加媒体的受众数量	
	组委会提供比赛信息的及时性	
	组委会提供的技术服务	
	媒体区工作环境及采访区秩序	
WTA满意度	赛事概况	赛事基本信息表单和签证
	比赛和训练场信息	基本信息、电子审核、赛事指导、球员包厢票和WTA席位、展示球场的球员专属席
	赛程转播	赛事安排规定（MSP）和赛程、当地条件（仅供室外比赛）、转播比赛光盘刻录
	裁判	标准要求、裁判工作环境、球童
	酒店	酒店球员住宿情况、WTA工作人员住宿
	证件	证件管理办公室、整体评价
	奖金	整体评价
	WTA办公室和IT通信设备	WTA办公室、对讲机、网络连接
	其他	抽签仪式、无烟政策

一级指标	二级指标	三级指标
球员满意度	球员休息室	位置、大小、隐私
	球员餐厅	位置、大小、隐私、安全
	健身房设施	规模、设备
	球员更衣室	位置、大小、安全、可用毛巾
	教练更衣室	位置、大小、安全、清洁
	训练场预订	有无电话及线上预订服务
	洗衣服务预订	洗完是否送回住所
	穿线	穿线质量

（3）满意度指数

评估组通过调查问卷回收整理，进行指标体系测算，得到2015武网满意度综合指数。根据结果得出结论，2015武网的总体满意度水平较高（指数值4.3675），介于"比较满意"与"非常满意"之间。

具体分析，球员满意度水平最高（指数值为4.85），接近"完全满意"。赛事组织方在球员的休息室、餐厅、健身房、更衣室、训练场等方面都提供了令人满意的软、硬件服务，令参赛球员十分满意。WTA满意度水平同样较高，指数值为4.53，在赛程即时信息提供与转播、裁判工作、球员服务、办公设备等方面，赛事组织方服务周到完善，WTA对此十分满意。现场观众满意度水平也较高，这与武网赛事级别高、配套设施先进、组织服务一流有着必然的联系。媒体满意度水平尚可，赛事组织方提供的硬件设施得到一致认可，媒体支持与软件服务有进一步提升的空间。

2. 2015武汉网球公开赛现场观众满意度评估

评估组通过比赛现场问卷调查的方式，收集现场观众对比赛的满意度评价。共计发放1500份问卷，回收问卷1214份，有效问卷1051份（存在空题、连续相同选项超过10题、人为填写时间较短等情况视为废卷），回收率为80.93%，有效率为70.07%，调查结果统计分析如下。

（1）基本情况

如图2-1所示，男性观众占主导，女性参与度有所提升。

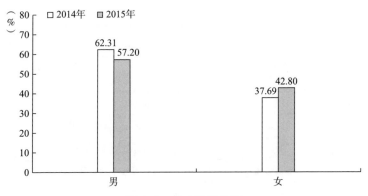

图 2-1　观众性别分布

如图 2-2 所示，中青年观众为主，青少年其次，中老年观众所占比例上升。

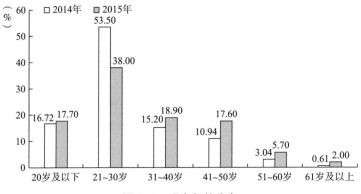

图 2-2　观众年龄分布

注：因四舍五入，个别数据相加非 100%，下同。

如图 2-3 所示，观众受教育程度总体偏高，本科、专科学历者居多。

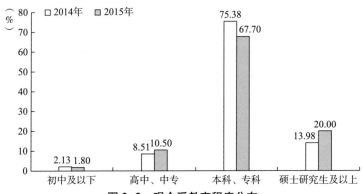

图 2-3　观众受教育程度分布

　　如图 2-4 所示，中高收入阶层参与度有所提升，总体呈现均匀分布状态。

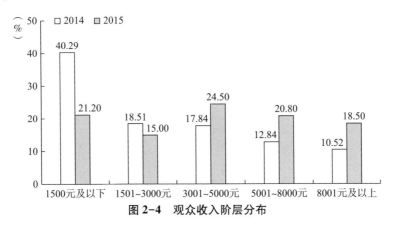

图 2-4　观众收入阶层分布

　　如图 2-5 所示，从观众行业分布数据来看，学生群体占比较高，其他行业观众占比无明显差异。

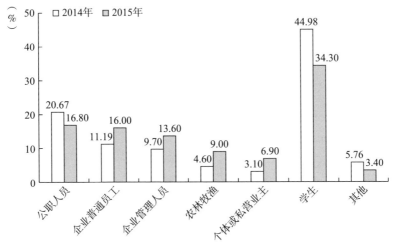

图 2-5　观众行业分布

　　如图 2-6 所示，从观众地域分布数据来看，武汉市本地观众为主，省内其他地区与国内其他省份观众占比差异不大。

　　如图 2-7 所示，愿意与朋友、家人一同观看者占多数，观众喜欢结伴且倾向于亲密关系。

　　如图 2-8 所示，爱好网球是绝对观赛动因，支持明星、体验赛事是诱因。

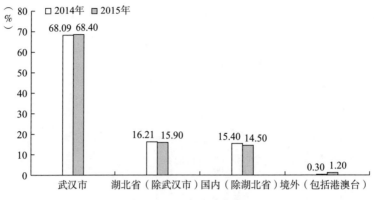

图2-6 观众地域分布

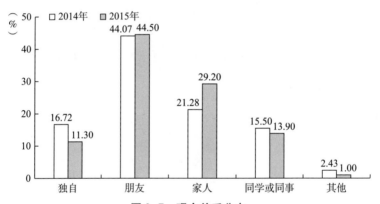

图2-7 观众关系分布

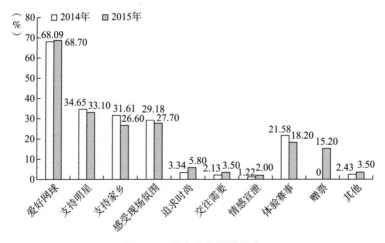

图2-8 观众观赛原因分布

注：此项调查为多项选择。

（2）满意度评价指标体系构建

指标体系的建立。评估组通过对国内外大型体育赛事满意度评价指标体系的研读，借鉴上海 ATP1000 网球大师赛现场观众满意度评价指标体系，初步选定 50 个与现场观众满意度密切相关的指标，并经归类、合并、筛选确定 35 个备选指标，最终经与专家商讨确定一级指标 4 个——比赛质量、赛场环境、赛事消费和组织与服务，二级指标 18 个（见表 2-2）。

满意度指标权重确定与综合指数测算。运用层次分析法（AHP）计算各指标权重，向 25 位专家发放问卷，对各指标的相对重要性程度进行两两比较，用判断矩阵进行一致性检验（C. R. <0.1 时通过一致性检验）。将现场观众调查问卷回收的数据结果放入指标体系测算，获得现场观众满意度综合指数。计分原则（Likert 五级量表）：1 分为"不满意"，2 分为"不太满意"，3 分为"一般"，4 分为"比较满意"，5 分为"非常满意"。

表 2-2　现场观众满意度评价指标体系、权重、满意度指数一览

总体指标	一级指标	一级指标权重	一级指标满意度指数	二级指标	二级指标权重	二级指标满意度指数
现场观众满意度综合指数 4.1304	比赛质量	−0.4534	4.2313	提供赛事信息	0.1678	4.1438
				明星阵容	0.3702	4.3471
				球员竞技表现	0.2965	4.2474
				现场秩序	0.1655	3.9511
	赛场环境	−0.2249	4.0587	进出和如厕的便利性	0.0877	4.1593
				现场环境	0.1199	4.2711
				硬件设施先进性	0.1900	4.2332
				场馆规模	0.1097	4.3881
				标识清晰度	0.1150	4.1470
				公共交通	0.2183	3.6436
				停车	0.1593	3.9090
	赛事消费	−0.0880	3.7569	购票便利性	0.1851	4.1940
				门票价格	0.5459	3.8365
				食品饮料	0.1272	3.1917
				就餐便利性	0.1417	3.3917
	组织与服务	−0.2337	4.1441	后勤和安保	0.2587	4.0493
				工作人员服务	0.2481	4.2742
				赛程时间安排	0.4932	4.1283

满意度综合指数蛛网图分析。如图 2-9 所示,现场观众满意度综合指数为 4.1304,主要是因为参赛球员阵容和比赛表现突出。但现场观众在赛事消费上的满意度最低,这与赛事提供的餐饮种类有限、食品质量一般、普遍价格偏高,以及就餐环境欠佳有极大的关联。

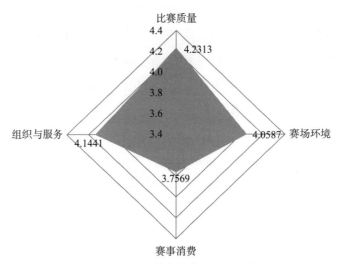

图 2-9 现场观众满意度综合指数

①比赛质量满意度指数

如图 2-10 所示,比赛质量满意度指数为 4.2313,其较高评分得益于比赛强大的明星阵容和比赛的高竞技水平。世界排名前 20 的选手有 19 名参加了本次比赛,并且球员在比赛中总体上都发挥出较高的竞技水平。但赛场秩序方面的评分较低,拉低了比赛质量的总体评分。这主要是因为现场观众来回走动、喧哗和接打电话的情况时有发生。

②赛场环境满意度指数

如图 2-11 所示,赛场环境满意度指数为 4.0587,观众对场馆规模、现场环境和硬件设施先进性的满意度较高。首先初次投入使用的"旋风"球场成为亮点,场馆规模堪称亚洲第一、世界第二,场馆设计独具匠心,现代化功能一应俱全。赛场内外物业保洁人员工作认真负责,确保场馆整洁。但是现场观众对公共交通和停车方面的满意度不高,场馆地理位置偏远,公共交通线路单一,临时停车场条件简陋,难以满足现场观众前来观赛的需求。

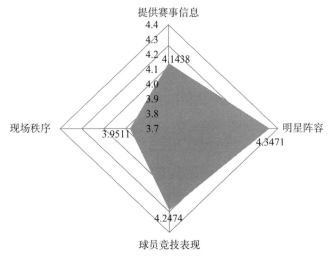

图 2-10　比赛质量满意度指数

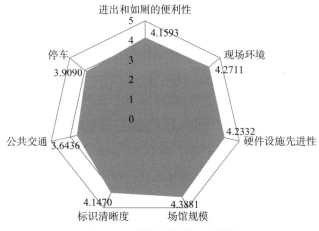

图 2-11　赛场环境满意度指数

③赛事消费满意度指数

如图 2-12 所示，赛事消费满意度指数为 3.7569，购票便利性的满意度尚可，组织方提供现场购票、网上购票和室内售票点购票三种购票方式，为观众购票提供便利。但观众对就餐的便利性、门票价格和食品饮料的满意度偏低，就餐选择性小、价格高，门票价格层次定位有待调整等问题引起部分观众的抱怨。

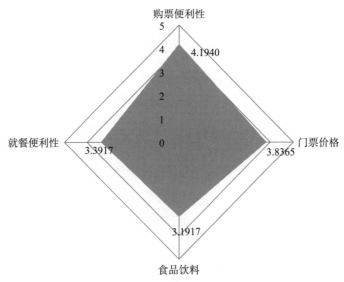

图 2-12　赛事消费满意度指数

④组织与服务满意度指数

如图 2-13 所示，组织与服务满意度指数为 4.1441，观众对工作人员服务和赛程时间安排的满意度很高。赛前的精心准备和志愿者的专业培训，提高了总体的服务水平。赛程时间安排与国庆假期衔接，优化了观众观赛的时间安排。观众对后勤和安保满意度有提升空间，尤其是在每场比赛结束后观众散场与下一场观众进场的疏导问题上，安保人员仍需做足功课。

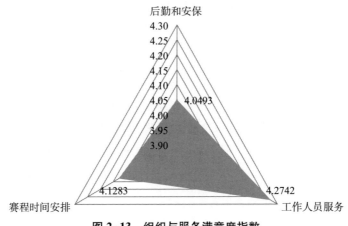

图 2-13　组织与服务满意度指数

（3）满意度指标分析

现场观众满意度评价指标统计结果如表 2-3 所示。

表 2-3　现场观众满意度评价指标统计结果

单位：%

选项	非常满意	比较满意	一般	不太满意	不满意
赛事举办方提供的赛事相关信息	37.3	44.1	15.0	3.0	0.7
参赛球员的知名度和个人魅力	47.9↓	40.4↑	10.3↑	1.3↑	0.1↑
运动员的竞技表现	42.3↓	42.9↓	12.6↑	1.7↑	0.5↑
比赛现场的秩序	33.0↑	37.9↑	22.0↓	5.7↓	1.5↓
入场、出场和如厕的便利性	40.6	40.1	14.5	4.2	0.6
赛场环境的舒适和卫生程度	43.7↑	42.7↑	11.0↓	2.2↓	0.4↓
赛场设施的先进性	44.6↑	38.2↓	13.4↓	3.4↑	0.4↓
场馆大小以及能容纳的观众数量	52.9	35.9	9.0	1.8	0.5
比赛现场的各项标识	40.0	40.6	15.0	3.8	0.6
赛场周围的公共交通满意度	22.8	33.5	27.1	11.7	4.8
停车便利性	29.9	38.7	20.7	8.0	2.6
购票、取票便利性	39.8	42.8	15.0	2.1	0.4
比赛门票价格	27.8	40.7	21.8	6.8	2.9
赛场食品饮料的种类、价格	15.3↑	25.0↓	32.6↓	17.8↑	9.3↑
赛场就餐的便利性	20.0	26.9	31.1	16.2	5.8
赛场后勤安全保障	32.1	44.4	20.5	2.3	0.7
工作人员和志愿者的服务水平和态度	46.6↑	38.4↓	11.6↓	2.5↑	0.9↓
赛场的时间安排	33.8	48.8	14.4	2.5	0.5

注：指标对照参数来源于《2014 武汉网球公开赛综合评估报告》。

比赛质量分析。武网官方网站的赛程信息及相关新闻更新及时，同时凤凰网、网易、搜狐、新浪、新华网、央视网、人民网等门户网站相继对武网赛事新闻进行了报道。2015 年实现 CCTV5、CCTV5+对赛事的直播、转播，树立了武网的品牌形象，扩大了信息传播的覆盖面。主办方在武汉市的交通要道设置了武网广告牌，对赛事起到良好的宣传作用，然而现场观众对获得即时赛程信息的渠道并不清楚。

2015武网的球员阵容包揽世界排名前20选手中的19位。科维托娃、阿扎伦卡、伊万诺维奇、大威廉姆斯、斯托瑟、库兹涅佐娃等6位大满贯冠军选手均跻身武网。中国观众关注的俄罗斯网坛美女莎拉波娃则因腿伤错过当年整个北美赛季，也因此没有报名参加武网，却又在武网开赛四天前宣布通过武网回归赛场，着实为2015年的武网锦上添花，然而莎拉波娃在第二轮因伤退赛，多少令慕名而来的现场观众略有遗憾。除莎拉波娃退赛，四号种子沃兹尼亚奇止步第二轮，卫冕冠军科维托娃和头号种子哈勒普止步16强，赛会四大种子均在1/8决赛遭淘汰，使比赛的精彩程度有所下降。

赛场内外的志愿者和保安对整个赛场秩序维持较好，在场馆入口工作人员会提醒观众排队进入。比赛进行过程中，志愿者会适时引导观众进出赛场，确保赛场秩序。门票背面印有"观赛须知"，起到必要的提醒作用。但依然有部分观众在比赛过程中大声接打电话和喧哗，在一定程度上影响了赛场秩序。

赛场环境分析。此次中央球场采用刚刚建成可容纳15000人的"旋风"球场，2014年的"玉碗"球场作为1号球场使用。"旋风"球场设计合理，设施齐全，球场采用可开合顶棚设计，4片活动屋盖能在16分钟内开合完毕。体育馆内设有VIP包厢、媒体区、可伸缩座位、照明设备、索道承载摄像系统、不同人群的专用通道，分三层入口，有商业走廊，并且每个观众座位下都有一个单独的出风口，设施非常先进，获得观众一致好评。两个场馆的出口数量较多，为观众进出场馆提供便利。"旋风"和"玉碗"的每个进出口旁边均配有卫生间，且数量充足，足以满足观众使用需求。外场周边提供4个临时的简易卫生间，但相比外场观众数量，卫生间使用略微紧张，另外卫生状况和气味也需要进一步改善。就餐区域，观众吃完之后对留下的饭盒等物品的清洁不够及时，致使现场显得脏乱。

场馆太大导致出现很多空位，对现场的氛围有一定的负面影响，且此次武网没有采用鹰眼技术，使得比赛紧张感下降，整体比赛较为平静。场馆标识布置清晰可见，功能区域划分合理，但夜间观看比赛仍有部分观众认不清标识，造成麻烦。

赛事组织方为方便观众到达赛场，开辟两条临时公交专线，分别从光谷广场和关南公交车站到光谷国际网球中心，覆盖光谷高新片区的大部分区域，为乘坐公共交通的观众提供到达比赛场地的解决方案。但相对于赛期的观众数量而言，两条临时公交专线略显不足，且临时公交专线在市内通行距离短、数量少，观众只能在光谷广场和关南公交车站上车。这对于住在汉口、汉阳、武昌等地方的观众而言，增加了出行的困难。同时由于赛场地理位置偏僻，打的也成为难题。

赛期停车场临时设置在高新二路佛祖岭一路以东区域的北侧，占地1500平方米，有800个车位，为自驾车观众提供免费停车位，有效地解决停车难的问题。然而停车场是临时搭建的，条件十分简陋，地面不够平整，没有划分好车位，没有专人协调车辆停放，也没有具体指向赛区的标识，导致部分观众从停车场出来之后不知道如何进入赛区，而且停车场没有考虑非机动车位安置，致使骑车观赛的观众无处安放车子，稍显尴尬。

赛事消费分析。武网为方便观众购票开发多种购票渠道，包括现场售票、指定售票点和网络购票等。但支付功能有待加强，售票点没有开通手机支付功能，市区内的门票代售点区域覆盖面不够大。售票点工作人员没能向购票观众提供详细信息，部分观众对购买的门票类型及功能不了解。

武网开赛首日被设定为全民开放日，对社会免费开放，让观众能够免费体验武网。正赛外围赛外场的门票价格为50元，正赛前三轮的一级看台票日场150元、夜场200元，二级看台票100元，相对于2014年降低33%~50%，比中网便宜20%~30%，在观众可接受范围之内。同时针对不同层次的网球迷推出四个档次的全程套票，分别是3200元的中央球场一级看台套票、2400元的二级看台套票、8000元的铂金包厢（个人）套票和6600元的黄金包厢（个人）套票。在价格体系上从高到低涵盖各个层次的观众，门票价格设置合理。半决赛看台票400元/600元/800元和决赛看台票500元/800元/1000元的票价设置，高出低收入阶层观众承受的价格范围。

现场观众在餐饮方面可选择快餐、盒饭、面包、薯片、农夫山泉等，但部分观众反映现场提供的食品口味一般、种类偏少，且相对于普通超市的价格明显偏高。为方便现场观众就餐，组织方安排了专门的就餐区域，占地约150平方米，配有桌椅、遮阳伞等基础设施，就餐环境较为舒适。但就餐座位数量偏少，在用餐高峰时段，部分观众无法入座就餐。就餐区域没有专门的清洁人员，清扫不及时，影响后续观众就餐。且就餐区域位于嘉年华一角，没有清晰的路线指引，对观众造成误导。

组织与服务分析。比赛期间安保人员广泛分布在检票口、现场入口和场地周围，且有专员负责巡视，遇到故意扰乱比赛现场秩序的情况，安保人员将及时出面处理。如遇比赛散场时，几千人同时从不同出口退场，安保人员数量则显得略微不足，无法保持整体秩序。

现场志愿者在赛前经过层层选拔和严格的知识、技能、礼仪方面的培训，统一着装，成为赛场上的一道风景线。但志愿者对职责范围内的事务及比赛情况掌握不足，观众咨询现场工作人员比赛相关问题时，无法得到准确的答复。

2015武网1/4决赛、半决赛以及决赛安排在"十一"黄金周前三天，以保障观赛时间。夜场比赛一般安排在下午6点半，正好是下班时间，为上班族提供观赛方便。

（三）改进建议

1. 改善消费条件，提升现场观众的消费体验

现场观众对赛事消费的满意度最低，虽然赛事消费在满意度综合指数中所占权重不高，但是不佳的消费体验会给现场观众留下不愉快的印象。在这方面可以考虑以下措施。

增加有武汉本地特色的食品，丰富赛事文化内涵。武网在向观众展现精彩比赛的同时，需要展现当地文化，增加比赛的特色。而饮食是文化的重要组成部分，饮食文化的展示有助于外地观众深入了解和认识武汉这座城市。热干面、周黑鸭、豆皮等均是武汉特色食品，增加本地特色食品让观众（特别是外地观众）在观赏比赛的同时也享受到武汉本地的美食，提升观众对武汉特色的体验感，让他们留下美好记忆。

　　降低食品饮料的价格，提高观众性价比认知。观众到现场观赛不可避免地需要进行食品饮料的消费，这属于体育赛事延伸产品的范畴。虽然食品饮料在赛事总收入中占比并不高，但观众可以将它与市场价格进行比较。如现场出售的食品饮料的价格明显高于市场价格，会影响观众的价格感知，进而降低现场观众对食品饮料性价比的认知。因此可以考虑降低现场食品饮料的价格，一方面增加现场食品饮料的销售量，另一方面又能给观众带来"亲民"价格，提高其满意度。

　　提高食品品质，增强观众现场体验感。食品虽然不是武网提供的核心产品，但会影响观众对比赛的整体质量感知。特别是对于高层次的观众而言，他们对附加产品的要求更高。要提高食品品质，增强消费者对比赛质量的体验感，组织方应该加强对食品供应商的管理，引进口碑优良的餐饮品牌，并确保食品品质，让现场观众在观赛时不仅能"吃到饭"，而且能"吃好饭"，同时改善武网在食品方面的配套条件。

　　增加就餐点，在就餐区域设置保洁员。就餐体验关系到观众对赛事的整体体验水平，组织方可以就餐区域为中心，在外围场地分散设置一些小规模的就餐点，为现场观众就餐提供更多的便利。对比赛环境的维护不应仅限于赛场，而应适当扩大到外围区域，包括就餐区。在就餐区设置专门的保洁人员，观众离开后对餐桌进行整理，方便之后的观众能够及时舒适地在就餐区域就餐，改善观众对比赛环境的认知。

　　2. 增设公共交通线路，改善自驾停车条件

　　武网赛场位置较为偏远，公交线路有限，妨碍更多人到现场观看比赛。在赛期要增加从武汉市各个区域（青山、汉口、汉阳、武昌、洪山）到赛场的公交线路或者临时通勤线路，减少观众换乘次数，为观众提供更多交通上的便利。通过多渠道广泛告知临时公交线路，让观众准确知道如何到达比赛现场。对自驾的观众，组织方应该对临时停车场进行必要的修整，如平整场地、划分停车位。同时派专人在停车场进行车辆的疏导和指引，为自驾观赛的观众提供满意的停车场所。

　　3. 加强现场秩序维护，改善观赛软环境

　　加强现场管理，维护现场秩序，可以考虑如下措施。

　　现场给出提示语。在赛场的明显位置设置"请不要喧哗"、"请将手机

调至静音"和"请不要在场内拨打接听电话"的提示语,以提醒现场观众保持观赛秩序。

提高志愿者秩序维护工作能力。对志愿者进行培训,给志愿者发放提示牌,如"请保持安静""请到场外拨打手机""请不要随意走动"等。如发现有现场观众无法保持秩序,可以对其进行举牌示意提醒。

播放秩序提示语。在比赛休息期间,可以通过现场广播播放现场观众行为规范,或者通过大屏幕播放现场观众行为规范,对重点问题进行提示,增强观众自觉维护赛事秩序的意识。

4. 多渠道更新赛况,引导观众使用即时查询软件

在现有赛事传播渠道的基础之上,利用传统传播渠道(电视、报纸、广播、现场信息板)的同时,善用现代化网络传播渠道,推广 WTA 官方 App,经济条件允许的前提下,开发武网自己的 App,让更多观众更直接地了解比赛信息。

5. 推出学生团体赠票,烘托现场氛围

考虑与中小学合作,推出学生团体赠票。中小学生本身不会买票观看比赛,团体票一方面能从小开发学生对网球的兴趣,培育潜在市场,另一方面又能树立武网的社会公益形象。而且这样能将赛场座位坐满,增强购票入场观众的现场体验感,烘托现场的气氛。

6. 丰富购票渠道,增强购票便利性

提供更多的购票渠道,让观众更加便捷地进行门票购买。

增加移动端购票渠道,迎合移动互联时代的需要。目前通过手机进行支付的消费者越来越多,手机支付更加便捷,也是支付方式的发展趋势。因此在信息化时代背景之下,开通手机支付平台,也能节省售票成本。

增加指定售票点,拓展渠道覆盖区域。武网以武汉市本地观众为主体,目前指定售票点只有硚口区和武昌区两处,因此组织方应考虑在这两个区域以外增设指定售票点,促使更多区域观众享受便利的购票条件。

二　2015武汉网球公开赛媒体满意度评估

大型体育赛事在推进举办地区域经济发展,提高举办地影响力、知名

度等方面有着显而易见的作用,而当众多国际赛事云集中国的时候,如何进行赛事推介,使之吸引观众注意,成为主办方面临的课题。其首要选择就是运用媒体,媒体是不可或缺的资源积累者和舆论影响者,至关重要的营销传播者和平台搭建者,不可替代的形象塑造者和最终裁决者。而赛事的规模性与垄断性、真实性与及时性、不可预见性与轰动性、参与性与趣味性使之备受广大受众的青睐。同时媒体也希望通过对大型体育赛事的报道和传播来吸引受众,实现自己的经济利益和社会效益。赛事运营方为媒体运行提供的服务直接影响着赛事的报道,媒体运行服务的发展是赛事影响力扩大的重要因素。

（一）基本情况

2015 武网相关媒体情况为:7 场媒体合作专场、18 场赛前新闻发布会、35 场赛期新闻发布会;84 家境内媒体,156 人;10 家境外媒体,12 人;赛期总计见报 238 版;电视直播赛事 64.8 小时、赛事相关新闻专题 22.5 小时;网络直播赛事 32.4 小时、收录中文稿件 60124 篇;十大数字媒体官方平台、31.2 万条百度收录赛事信息、897561 次网站访问;十大微博微信活动,覆盖人群 1032264 人,48664 名微信粉丝,86.8 万次微信阅读、31177 次转发分享、3366528 次微博阅读、452 条海外信息发布、525786 次互动。

本次媒体满意度调查对象为来到武网现场的 156 名中国籍媒体人,采取随机抽样的方式,共计发放 30 份问卷,其中有效问卷为 26 份。研究方法为问卷调查法、数理统计法、专家访谈法、实地观察法以及逻辑分析法。

如表 2-4、表 2-5、表 2-6 所示,2015 年参与媒体满意度问卷调查的 26 人中,男性 17 人,女性 9 人,男女比例为 1.9∶1;本科、专科学历者 15 人,研究生及以上学历者 11 人,学历教育水平层次高。从业时间较为分散,但大部分都有 1 年以上的工作经验,且从业 10 年以上的媒体人有 8 人,占 1/3 强,工作资历丰富人员居多。媒体工作人员半数来自广电媒体,纸质媒体、摄影记者其次,有个别人员来自数字媒体和通讯社。根据数据收集的基本信息可以确定,武汉网球公开赛期间媒体工作人员的从业经验丰富,学历水平高,全面覆盖媒体行业领域。

表 2-4　媒体工作人员性别、学历统计分析

单位：人，%

学历	男		女		合计	
	人数	占比	人数	占比	人数	占比
高中、中专	0	0.00	0	0.00	0	0.00
本科、专科	10	66.67	5	33.33	15	100.00
研究生及以上	7	63.64	4	36.36	11	100.00

表 2-5　媒体工作人员性别、从业时间统计分析

单位：人，%

从业时间	男		女		合计	
	人数	占比	人数	占比	人数	占比
1 年以下	0	0.00	3	100.00	3	100.00
1—3 年	4	44.44	5	55.56	9	100.00
4—10 年	6	100.00	0	0.00	6	100.00
10 年以上	7	87.50	1	12.50	8	100.00

表 2-6　媒体工作人员性别、媒体性质统计分析

单位：人，%

媒体性质	男		女		合计	
	人数	占比	人数	占比	人数	占比
纸质媒体	3	60.00	2	40.00	5	100.00
数字媒体	0	0.00	1	100.00	1	100.00
广电媒体	10	76.92	3	23.08	13	100.00
摄影记者	3	60.00	2	40.00	5	100.00
通讯社	1	50.00	1	50.00	2	100.00

（二）媒体总体满意度分析

1. 指标体系的建立

媒体满意度评估涵盖多方面，一般是指组委会根据不同媒体需求提供的软硬件设施以及专业的服务支持。武网媒体运营服务是一个涉及多方面运营项目的综合体，主要包括赛前筹备、现场新闻服务、电视转播、媒体合作、交通、休闲、医疗等服务项目。评估组查阅大型体育赛事媒

体运营服务相关文献，选择对媒体运营服务满意度影响最大的 4 个因素，从而建立以下媒体满意度评价指标体系。以"媒体满意度综合指数"为总体指标，下设 4 个一级指标：增加媒体的受众数量、组委会提供比赛信息的及时性、组委会提供的技术服务、媒体区工作环境及采访区秩序（见表 2-7）。

2. 满意度指数分析

（1）指标权重设定和总体满意度指数

为确保媒体满意度评价指标的客观性和可信度，此次调查问卷形成后，评估组向楚天传媒集团、湖北广电总局、武汉体育学院新闻传播学院部分业内领导发放专家问卷，由此求得一级指标的权重数值，进而区分在评估过程中，针对媒体工作人员满意度评估的不同侧面的重要程度的定量分配，对各指标在总体评估中孰轻孰重区别对待。

表 2-7　媒体满意度评价指标体系及满意度指数

总体指标	一级指标	一级指标权重	一级指标满意度指数
媒体满意度综合指数 4.1595	增加媒体的受众数量	0.2145	4.0540
	组委会提供比赛信息的及时性	0.2236	4.2847
	组委会提供的技术服务	0.5097	4.1307
	媒体区工作环境及采访区秩序	0.0522	4.3383

此次对媒体满意度的调查采用 Likert 五级量表，"非常满意"即 5 分，"比较满意"即 4 分，"满意"即 3 分，"不太满意"即 2 分，"完全不满意"即 1 分。

根据权重值结果分析，组委会提供的技术服务>组委会提供比赛信息的及时性>增加媒体的受众数量>媒体区工作环境及采访区秩序，影响武汉网球公开赛媒体满意度水平最重要的因素是"组委会提供的技术服务"，相对最不重要的是"媒体区工作环境及采访区秩序"。

根据调查得出的满意度指数分析，媒体工作人员对"媒体区工作环境及采访区秩序"的满意度最高，满意度指数为 4.3383。其次是"组委会提供比赛信息的及时性"，满意度指数为 4.2847；再次是"组委会提供的技术服务"，满意度指数为 4.1307；排在最后的是"增加媒体的受众数量"，满意度指数为 4.0540。由各指标权重与各指标满意度指数得出综合满意度指数为 4.1595，因此 2015 武汉网球公开赛媒体满意度调查结果为"满意"。

（2）各指标满意度情况分析

媒体满意度评价指标统计结果如表 2-8 所示。

表 2-8　媒体满意度评价指标统计结果

单位：%

相关维度	完全满意	比较满意	满意	不太满意	完全不满意
增加媒体的受众数量	39.24	34.61	18.46	7.69	0.00
组委会提供比赛信息的及时性	43.08	42.31	14.61	0.00	0.00
组委会提供的技术服务	35.38	46.16	14.61	3.85	0.00
媒体区工作环境及采访区秩序	49.61	34.61	15.78	0.00	0.00

伴随着网络的发展和全球卫星通信技术的进一步升级，在新技术支撑体系下各种不同的媒体形态不断发展和壮大，传媒领域已经呈现日益多元化的格局，媒介传播手段日渐丰富，网络和手机无线通信等媒体新型形态突出，媒介传播多样化促成了媒介传播内容的多元化和复杂化，在这个资讯大爆炸的世界里，如何吸引更多读者成为现代媒体需要思考的重要问题。武汉网球公开赛作为一项国际超五星级赛事，在业内有广泛的人气资源，不论是对纸媒还是数字媒体，无疑都是可以吸引读者的优势新闻。

新闻服务部门在赛事期间会通过成绩公报柜与网络信息发布系统同时向媒体发布赛事前瞻、即时引语、赛后回顾、新闻发布会概要、媒体通告等信息，向媒体提供及时、全面、正确的比赛信息，为记者获取信息和及时完成工作提供了便利，保障了各类信息高效地传递。武汉网球公开赛为媒体服务提供信息除了依靠新闻中心的广播、文字公告、微信群通知等方式，还利用 WTA 官方 App 获得最新比赛资讯。2014 年一整年的媒体服务经验和 2015 年新场馆的投入使用，都为媒体服务运营提供了更优质的条件。

随着体育赛事功能和组织工作量的不断增加，公众与新闻媒体的广泛参与，传统的组织工作方法已很难适应现代体育赛事的实际需要。引入新技术，特别是现代化信息技术，对有效提高工作质量、增强体育赛事各类数据统计的准确性和公正性、降低成本、提高工作效率、保证赛事顺利进行具有十分重要的意义。组委会提供的技术服务包括：设立新闻中心，为媒体记者提供查询服务；在新闻中心为媒体记者提供打印分发服务；提供部分比赛项目电视转播服务；其他为媒体人员提供的 IT 服务。2015 武网媒体服务团队遵循全面高效的原则，不但为媒体提供相应的软硬件设施和管理服务，还提供三维飞猫摄像技术，为媒体工作人员呈现精彩的视觉效果，因此得到绝大多数媒体的认可。

新闻中心为媒体提供服务的好坏直接影响媒体对比赛和赛事组织者的评价。周到、便捷、细致的服务能有效提高媒体的工作效率，这不仅能使媒体在有限的时间内最大限度地报道赛事，而且可以让记者在工作时感到舒适轻松，有助于将更多正面的报道传达给受众。相反，滞后、非专业的服务则会严重影响记者的工作效率和心情，对赛事的报道和评价自然也会大打折扣。2015 武汉网球公开赛的新闻中心位于"旋风"球场内，设有媒体接待台、媒体工作室（分为文字媒体和摄影媒体两间工作室）、新闻发布厅、媒体专访室、媒体餐厅、办公室等功能区域；提供的服务包括通信、工作设备提供、物品存储、餐饮、赛事信息提供、摄影、采访、新闻发布等。同时配备 30 名志愿者专门为媒体区服务。接受调查的所有人都表示满意，说明媒体服务得到媒体工作者的一致好评，而且有 49.61% 的人对媒体区工作环境及采访区秩序感到非常满意，这对组委会提供的媒体服务是莫大的鼓励与肯定。

3. 开放性问题满意度指数分析

本次媒体满意度调查中，设有开放性问题，希望通过前来参加武网的媒体工作者的回答了解赛事服务优良的根本原因。开放性问题主要针对组委会为媒体工作运行提供各项服务的满意与不足之处。满意之处的统计结果见表 2-9，媒体工作人员提到的尤为满意的方面为：餐饮美味、工作环境舒适、志愿者服务周到、赛事稿件信息全面及时以及媒体观赛席条件好。本届媒体工作区安排在新建的"旋风"球场内，有专属的媒体餐厅，与竞赛区、球员区毗邻，硬件设施完善，为媒体配备的球场观赛席也是精心设计过的。

表 2-9　媒体对组委会提供各项服务满意的地方

单位：人，%

相关方面	人数	占比
餐饮美味	11	42.31
工作环境舒适	8	30.77
志愿者服务周到	6	23.08
赛事稿件信息全面及时	5	19.23
媒体观赛席条件好	2	7.69

注：26 人参与问卷，多项选择。

本次调查中媒体工作者都表示满意，没有让他们觉得非常失望的情况发生，而觉得有所不足的方面是：每看一场比赛都需要拿工作证换票非常麻烦；希望组委会可以为媒体开辟专用通道进出球场，解决媒体车辆停放的问题；工作室电视数量少了些，而且有时候信号不好；希望组委会可以多准备一些零食和夜宵，准备热水。

4. 总体满意度指数分析

2015 武汉网球公开赛媒体满意度指数为 4.1595，媒体工作人员对组委会提供的媒体服务较为满意。此次武网媒体运行服务贯穿赛事筹备、赛事运行的全过程。媒体在赛前就做了全面的赛事宣传，为赛事的开展营造了浓厚的社会舆论氛围，提升了赛事的影响力和知名度。同时，为了引导媒体顺利参与报道，组织方在赛前几个月就启动了申请程序，并通过各种渠道发放了相关资料，赛前筹备活动的顺利开展为赛事的顺利传播奠定了坚实的基础。赛事现场的新闻服务可以使现场新闻及时准确地得到传播，赛事现场新闻服务经历了由不足到完善的发展过程，不仅配置了先进的硬件设施，同时还紧跟科技发展的脚步，提升了软件技术水平。电视转播也是媒体运行服务的重要方面，2015 武网有央视参与直播，与新浪、乐视合作，尝试全新的体育网络报道模式，同时还增强了媒体与观众的互动，获得了较好的传播效果。组织方还为媒体提供了良好的工作生活环境，医疗安保、交通等服务都促进了新闻报道工作的顺利进行，是赛事传播顺利进行的坚实后盾。

（三）对策和建议

1. 人员管理明确分工，完善动态协调机制

武网媒体服务团队是临时组建的团队，团队人员以志愿者为主，有些志愿者对媒体工作的主要内容和方式较为陌生。团队负责人需要对职责领域划分、责任边界上的空白情况加以分析，明确每个志愿者的主责工作，有利于媒体服务工作的有效对接。虽然做好媒体服务团队的管理工作可以减少不少问题，但不可能解决所有问题，还应该努力在建立完善动态协调机制上下功夫。媒体服务团队内部各部门应形成有机协调、统筹联动的运行整体，凭借有效的衔接、有序的推进、内外的配合促使媒体服务统一高效，使矛盾和问题不断得到及时化解。

2. 加强新媒体的舆论引导

随着社会发展与技术进步，新媒体蓬勃发展，其传播力和影响力不断提升，必须用发展的眼光看待传统媒体和新媒体并存的局面，努力构建定位明确、特色鲜明、功能互补、覆盖广泛的舆论引导新格局。传统媒体在突发事件、热点问题、敏感问题的舆论引导中发出主流声音的同时，应充分发挥新媒体的社会影响力，使之成为主流媒体的延伸和补充。应通过互动，增强引领工作的实效性，既讲究科学性、理论性、导向性，又注重趣味性、生动性、针对性，引领媒体服务工作从平面走向立体，从静态走向动态，从单向灌输走向多方互动，这是武汉网球公开赛媒体服务下一步发展的目标。

3. 实现媒体整合，全方位服务武网

武网在媒体合作方面也存在一些不足，连续两届邀请媒体都集中在湖北省内，且数量占比在50%以上，忽视了国内其他地方媒体及国外媒体，致使其影响受到局限，且媒体报道单一，主要集中在比赛和明星方面，对武网的认同以及对网球文化的推广都较少涉及，同时配有负面新闻。武网在媒体合作方面经常会出现滞后性，没有从不同国家、不同地区，以及不同媒体的大局出发，缺乏与不同类型媒体之间的交流，还没有形成优质的全媒体概念。在同媒体合作服务方面，随着赛事本身水平的不断提升，要加强与不同地区、不同国家媒体的合作，完善软硬件设施，增强不同类型媒体的交流，实现广泛优质的全媒体覆盖，并引领市场消费。武网在为媒

体创建工作生活环境方面表现出色，并逐步完善相关的便利设施，但媒体服务具有特殊性，每年都会出现一些新的突发情况，还要加强同其他相关部门的通力合作，为媒体提供全方位的服务。

4. 组织媒体活动，丰富媒体生活

大型体育赛事媒体服务涉及方方面面，根据赛事的规模和人员数，组委会应该安排一些配套的活动，既丰富各类记者采访期间的生活，又让记者们充分领略运动的魅力。例如中网每年都会举行媒体网球赛，邀请全国各地的媒体记者参加比赛，"中国新闻媒体网球系列赛"（CMS）就是中网主办的唯一以新闻媒体人为参赛主体的业余网球赛事。另外还有模仿温网的记者球叙，并且中网的记者球叙突破了温网不能在温布尔顿现场进行的局限，让记者与国际网球明星同场过招，切身感受网球的独特魅力。同时还有球星特训营、网球大师现场指导等活动，使得媒体工作人员在赛事期间能更深刻地感受到赛事活动的人性化服务。2008 年的北京奥运会也主办过各类媒体活动。从 2007 年 11 月至奥运会开幕，北京奥运会主新闻中心每月安排一次"奥组委执行副主席外国记者接待日"活动，每周二都是"奥组委部长接待日"，这为境外媒体记者提供了与奥组委负责人面对面交流的机会。武网虽然举办过媒体活动，例如 2015 武网城俱赛组委会特别组织举办了 2015 农夫山泉武网媒体精英赛，来自全国各地的 18 家媒体共 32 名选手参加了本次精英赛，比赛还吸引了 20 多家媒体单位现场报道。但是如果可以在武网举办现场准备更多媒体活动，势必会达到更令人满意的效果。

（四）2015 武汉网球公开赛 WTA 满意度评估

如表 2-10 所示，根据 WTA 官方赛事报告，WTA 对 2015 武汉网球公开赛赛场运营的总体情况进行测评，结果非常满意，指数高达 4.53。从赛事测评的体系来看，武汉网球公开赛已经趋于成熟，WTA 对赛事运行的过程大体很满意，其中对赛事概况、比赛和训练场信息、酒店等方面的评价是非常满意；但赛事运营过程中也存在一些不足，例如 WTA 办公室和 IT 通信设备、证件等方面的满意度相对较低，部分硬件设施服务和前期准备工作需要进一步完善。

表 2-10 WTA 满意度评价指标统计结果

总体指标	一级指标	二级指标
WTA 满意度 综合指数 4.53	赛事概况	赛事基本信息表单和签证（5）
	比赛和训练场信息	基本信息（5）
		电子审核（5）
		赛事指导（5）
		球员包厢票和 WAT 席位（5）
		展示球场的球员专属席（5）
	赛程转播	赛事安排规定（MSP）和赛程（5）
		当地条件（仅供室外比赛）（3）
		转播比赛光盘刻录（4）
	裁判	标准要求（5）
		裁判工作环境（5）
		球童（4）
	酒店	酒店球员住宿情况（5）
		WTA 工作人员住宿（5）
	证件	证件管理办公室（5）
		整体评价（3）
	奖金	整体评价（5）
	WTA 办公室和 IT 通信设备	WTA 办公室（5）
		对讲机（3）
		网络连接（3）
	其他	抽签仪式（5）
		无烟政策（3）

　　WTA 对组织方提供的赛事基本信息表单和签证等信息的准确性非常满意。比赛和训练场信息作为 WTA 对本赛事运营状况的测评指标，得到了非常好的反馈。从比赛场和训练场的数量上看，远远超过了赛场的基本需求，赛场的质量也属国际先进水平；电子审核可呼叫的场地数量为 2 块，包括中央球场和 1 号球场，两个球场配备高规格设备和工作间；在赛事指导方面，所有场地都预留了能便捷上场的座位，场馆内有专为赛场指导预留的包厢，方便教练第一时间与球员沟通，教练不需要专门的证件或贴纸上场，主转播方在转播场地为教练提供话筒；中央球场和 1 号球场在馆内

预留了两个分开的相似包厢，每个包厢至少有 6 个座位，包厢靠近入口便于上场的地方，是专门为赛事监督及媒体总监预留的座位，这个安排使 WTA 对球员包厢票和 WTA 席位的评价非常高；不仅如此，组织方为球员在中心球场预留了可观看席位，球员持证便可入场，如此贴心的服务使得 WTA 对比赛和训练场信息非常满意。

比赛期间，武网共在电视频道转播 7 天，转播场地为中央球场和 1 号球场。赛程安排规定和赛程在赛前 10 周完成并提交，符合 WTA 的要求；比赛进行的过程中，周三连续下雨，导致当天比赛受阻，为保证当天比赛顺利完成，组委会将当天的 7 场单打比赛全部放到了中央球场，3 场双打比赛顺延至次日，由于对天气方面突发情况的应急处理不够果断干脆，WTA 对此满意度一般；比赛过程中，所有转播的比赛都完成了光盘刻录，中央球场赛事光盘刻录在当天晚上或第二天早晨完成，1 号球场赛事在比赛后 1 小时便可拿到刻录好的光盘，转播比赛的光盘刻录满意度评分为 4 分，主要在于其录制效率还有待提高。

WTA 对裁判的标准要求、工作环境和球童都非常满意。主裁和裁判组长均拥有国际金牌级别裁判员资格认证，司线员队伍精良，WTA 对裁判的选拔标准非常满意；裁判员和司线员的休息室规格高于同等级别赛事水平，为指定主裁提供的条件，如服装等都满足要求；组织方为预选赛和正选赛的每场比赛提供 6 名球童，并为球童提供服装，球童的整体质量好，但具有很大的进步空间。

球员和 WTA 工作人员下榻于官方酒店——万达嘉华酒店，酒店到场馆车程大约 45 分钟，酒店环境和服务均属一流。虽然从酒店到赛场路程略远，但酒店位于武汉市繁华商圈，可步行至餐厅和商店。除此之外，附近还有许多武汉著名景点，住宿环境非常好，WTA 对住宿情况非常满意。

证件管理办公室位于球员区入口安检门前，位置方便，但制作证件的服务没有跟上。在比赛期间，制好证件需要花费 20 多分钟，部分球员和教练由于时间关系在没有证件的情况下入场。在安保升级后，制证中心有 3 名志愿者，但英语口语均不流利，使得制证流程非常缓慢，导致 WTA 对证件的制作过程略微不满，整体评价仅为 3 分，其服务有待加强。在奖金处理方面，组织方在比赛前便向 WTA 支付奖金，奖金的管理、发放和税务缴纳等方面都很顺利，WTA对奖金方面很满意。

WTA对WTA办公室和IT通信设备方面评价较好。WTA办公室特别宽敞、位置极好，配备了国际电话线、传真机、打印机、电视等电子设备，办公室设施和配置齐全；WTA认为对讲机质量一般，比赛过程中使用的对讲机大部分时间交流顺利，但有时信号较弱，为此额外配备了加速器，但效果不是很明显，这方面有待提高。其他方面，场内没有严格实施无烟政策，有部分工作人员和观众在场馆内或是场馆球员区附近抽烟，这使得WTA不太满意。

（五）2015武汉网球公开赛球员满意度评估

如表2-11所示，根据球员的反馈，球员对组委会提供的服务很满意，但在球员休息室、球员餐厅、穿线等方面存在一些瑕疵，服务还可以做得更好；球员对健身房设施、更衣室，以及训练场预订和洗衣服务预订等服务极其满意。

表2-11　球员满意度评价指标统计结果

总体指标	一级指标	二级指标
球员满意度综合指数 4.85	球员休息室	位置（5）
		大小（4）
		隐私（5）
	球员餐厅	大小（4）
		位置（5）
		安全（5）
		隐私（5）
	健身房设施	规模（5）
		设备（5）
	球员更衣室	大小（5）
		位置（5）
		安全（5）
		可用毛巾（5）
	教练更衣室	位置（5）
		大小（5）
		清洁（5）
		安全（5）
	训练场预订	有无电话及线上预订服务（有5，无0）
	洗衣服务预订	洗完是否送回住所（有5，无0）
	穿线	穿线质量（4）

调查结果显示，球员休息室宽敞美观，室外景色非常好，配备单独餐厅、电脑、打印机等硬件设施，隐私性极好。除此之外，还为球员配备电视、游戏设施，全天提供零食，有利于球员调节自身状态；休息室与球场距离较近，出行方便，受到球员一致好评。

球员餐厅的大小适中，可以满足球员的进食需求，部分球员认为餐厅可以更大一些。餐厅位置极佳，对球员的安保措施和隐私保护做得很好。为满足球员锻炼需求，赛事方为球员提供健身房，可同时满足多名球员的锻炼需求，设备较新且均为顶尖品牌。球员更衣室足够宽敞，位置科学，方便球员进出球场更衣，可以节约不少时间；另外，更衣室的安保工作很好，为球员的安全和隐私保护提供了保障；更衣室还为球员提供可用毛巾，服务贴心。球员对此非常满意。

教练更衣室位置安排合理，方便教练员来往球场；更衣室男女分开并且专供教练使用，宽敞干净，安保情况很好，提供储物柜、毛巾和饮料。教练员很满意。

训练场预订情况特别好，预选赛前三天现场已备好免费的球，每天为尚在比赛的球员提供 6 个新球，为已被淘汰选手提供 3 个新球，方便球员进行训练。训练用球均会在预选赛前至少一天准备好，球员训练时会向教练员提供球篮装旧球预备训练使用。

酒店提供洗衣服务并享有 5 折优惠，赛会承担 200 元洗衣费，洗衣服务质量极好。组织方为球员提供穿线服务，穿线费用是 25 美元，穿线的质量很好，符合球员的要求，但还可以做得更好。

三　重大体育赛事传播中国形象路径

"百年武网"和"网球之都"的打造是一个渐进的过程，是一段历史进程，需要立足当下，一步一个脚印，方可实现总体战略目标。同时，借助体育赛事传播中国形象，讲好中国故事也应当一步一个脚印。兹参考武汉网球公开赛，对通过中国体育赛事传播中国形象提出如下建议。

（一）品牌营销策略

2015 武网采取了多种形式进行品牌营销和推广工作，推动了武网品牌建设，提升了武网的品牌价值。体育赛事也需要发挥自己的品牌效应，传播中国形象。

1. 加强宣传，完善全媒体宣传渠道

随着赛事水平的不断提升，要加强媒体合作，完善软硬件设施，真正实现广泛优质的全媒体覆盖。在网络新闻传播渠道，可以与新浪、搜狐、网易、腾讯等大型门户网站建立宣传战略合作伙伴关系，特别是与新浪微博、微信等自媒体平台加强技术性合作。在传统新闻传播渠道，可区分以全国宣传为主和以本地宣传为主的两类媒体，建立线上线下一体化的新闻宣传渠道等。

2. 明确体育赛事宣传核心，提升传播内容创意性与感染力

学习国内外赛事的先进经验，进一步明确赛事宣传核心，确定体育赛事的核心定位和自身特点，使赛事品牌的内核更加清晰。在传播内容方面，也要提升传播内容的创意性与感染力，唤起体育文化情感共鸣。可进一步挖掘运动员信息，保持与运动员近距离接触；聚焦运动爱好者；还要加强与举办城市本地民生新闻、生活服务类节目合作；进行体育知识的趣味科普；等等。

3. 增强现场活动趣味性，加强和明星的营销合作

在赛期的现场活动中，可进一步增强其趣味性，打造赛事现场复合文化空间，如注重场馆主题区域的开辟与功能开发，注重休息场所设计的视觉美感等。还可加强和明星的营销合作，进一步扩大赛事传播影响力，一方面加强与体育名将的合作，另一方面可邀请明星名人参与赛事活动。

4. 做好国际推广宣传

联合当地旅游管理部门、外宣办等政府机构，做好宣传武网和推介武汉的国际传播活动。可提早规划，合理安排时间，以及通过专业的商务谈判，更好地传播武网。在境外媒体邀请方面，广泛邀请媒体，继续选择专业且可信赖的国际媒体公司为武网进行专业的国际媒介关系维护，还要做好已有的境外媒体关系维护。

（二）体育赛事赞助服务策略

从目前的国内外大型体育赛事运营现状来看，其主要资金无一不来自社会组织的赞助与捐献。因此，维护赞助商的相关权益，将赞助商品牌与赛事内容捆绑运作，稳定赞助商的投资额度，仍将是资金来源的重要渠道。以 2015 武网赞助服务为例，提出几点建议。

1. 提前规划，抢占先机

赛事年份应该尽早规划，争取最佳时间确定赞助商，并将推广活动的资源分配给它们，最大限度地调动赞助商的积极性，延长赞助商活动的曝光率，也为次年的推广宣传赢得足够的时间和空间。还要升级赞助商回报体系，增加和赞助商之间的交流活动，以增强两者之间的协作能力。

2. 进一步优化赞助商结构

体育赛事招商工作必须在前两年的基础上保留优质客户，短期的赞助虽然可能带来一时的轰动效应，但只有长期针对某一个具体而明确目标进行的赞助才能取得好的赞助效果。与此同时，逐步合理地对赞助商结构进行微调，优先引进国际品牌企业，优先考虑知名成熟品牌。

3. 明确赛事宣传核心，为赞助商搭建层级体系

要在明确赛事宣传核心的基础上，为赞助商搭建层级体系。在传统新闻传播渠道，区分以全国宣传为主和以本地宣传为主的两类媒体，还可深入了解各家媒体机构的网络合作伙伴，建立线上线下一体化新闻宣传渠道，从而给赞助商提供一个全方位的品牌展示平台。

4. 进一步完善赞助商服务

进一步完善对赞助商的服务，建议一个人负责两个到三个客户，个别高级别的大客户甚至需要一对一的服务，负责赞助商的部门应该在权益的执行上得到其他部门的全力支持。还要搜集大数据，给赞助商提供更多的商务信息，用数据说话更加能赢得赞助商的青睐，也为赞助商谋取更广泛的权益。

（三）体育赛事公共关系策略

良好的公共关系是大型体育赛事成功的一半。武网公共关系反映的是赛事本身与政府、相关体育组织、公众（社会）、媒体、运动员以及裁判员之间的协调互动。以此为例可以提出以下建议。

1. 推广网球运动，发展体育产业

可将体育赛事确定为城市重点发展的体育特色项目，推广运动，打造"运动之城"。可修建一些方便且造价相对较低的简易运动设施，同时在综合体育场馆、公园等场地中嵌入场地设施，并在用地、财政、投融资、税

收和水电能源政策等方面对体育产业予以扶持。同时推动运动培训、服务、器材、赛事等产业发展，从而形成运动产业链，进而带动体育产业的发展。

2. 实现媒体整合，加强宣传

加强和不同媒体的合作，完善软硬件设施，加强服务，增强与不同类型媒体的交流，实现广泛优质的全媒体覆盖，扩大媒体宣传。宣传内容要贴近主题和受众的心理，突出中国的特色，宣扬运动的精神和理念，提高赛事的知名度。借此宣传赛事，美化江城，提升体育赛事国际知名度与影响力。还应充分发挥新媒体的社会影响力，使之成为主流媒体的延伸和补充。

3. 做好运动员和裁判员的服务工作

赛前与所有申请参赛的司线员做好沟通，科学合理安排工作，提高司线员的工作效率和质量。为司线员做好志愿者服务，可为有需要的司线员配备几名固定的志愿者。最后还要通过考评机制与鹰眼技术双向监督，提升司线员在赛场上的工作质量。

4. 明确人员分工，完善协调机制

对各部门人员尤其是志愿者的职责划分要清晰，明确每个工作人员的主责工作，与体育赛事诸事项有效地对接。各部门之间，也要加强合作，完善动态协调机制，形成有机协调、统筹联动、内外配合的整体，从而高效地推进赛事运行。

第二节　以杭州亚运会为例探究中国国家形象传播路径

2023 年 10 月 28 日，随着杭州亚残运会圆满闭幕，属于杭州的"两个亚运"画下了句号。浙江在线舆情中心监测显示，自杭州亚运会开赛以来，众多外媒积极报道亚运会，多个国家和地区的网民频繁搜索亚运信息，营造出浓厚的亚运氛围。杭州亚运会闭幕后，境外舆论关注焦点陆续转向"后亚运时代"相关话题。本节将系统搜索杭州亚运会开赛后（统计时间为 9 月 23 日至 10 月 30 日，下同）境外传播数据，分析境外传播内容特征，并就"后亚运时代"如何提升浙江省国际影响力提出相关对策建议。

一 境外传播数据概览

1. 全球 150 余个国家和地区网民关注，英语、日语、泰语等多语种搜索"杭州亚运会"

统计时段内，谷歌搜索引擎"Asian Games"词条热度呈上升趋势，新增中英文网页超 1.82 亿个，共有 151 个国家和地区网民曾搜索"杭州亚运会"相关信息，涉及英语、日语、泰语、印地语等数种语言。位列搜索热度前 15 的均为亚洲国家和地区，印度、新加坡等地网民关注度最高，澳大利亚、加拿大等非参赛地区网民也给予一定关注。就搜索内容而言，"Medal"（奖牌）、"Live"（直播）、"Schedule"（赛程）等为新闻搜索高频词。境外媒体共报道涉亚运内容 121576 篇。就语言分布而言，繁体中文报道 82893 篇，占比 68.18%，英文报道 35207 篇、简体中文报道 3476 篇。台湾地区（52960 篇）、香港特别行政区（23628 篇）、印度（13825 篇）等地媒体报道量靠前（见表 2-12、2-13）。

表 2-12　境外媒体报道量 TOP10

单位：篇

序号	国家/地区	数量	序号	国家/地区	数量
1	台湾地区	52960	6	马来西亚	3035
2	香港特别行政区	23628	7	新加坡	1888
3	印度	13825	8	韩国	1274
4	美国	7479	9	加拿大	1231
5	澳门特别行政区	3620	10	日本	703

表 2-13　境外媒体热门报道

单位：篇

序号	原发媒体	发布日期	标题	相似文章数
1	香港电台	10 月 9 日	特区政府在机场举行仪式迎接参加亚运港队代表团回港	529
2	台视新闻网	10 月 30 日	台北市亚运、全运会夺佳绩 蒋万安表扬许育修、王冠闳	194
3	澳门电视台	10 月 9 日	杭州亚运澳门体育代表团回澳	126

续表

序号	原发媒体	发布日期	标题	相似文章数
4	联合新闻网	10 月 14 日	连珍羚 35 岁大龄夺亚运金牌告白	86
5	星岛日报网	10 月 8 日	杭州亚运丨日日撑港队 一文晒即日焦点赛事	72
6	香港有线体育台	10 月 4 日	杨倩玉单车公路赛摘金	75
7	三立新闻网	10 月 7 日	双双碰上日本强敌 霹雳舞项目孙振、杨加力都止步 8 强	68
8	中天新闻网	9 月 22 日	杭州亚运开幕式 23 日登场 王冠闳与罗嘉翎举旗进场	60
9	华盛顿时报	9 月 26 日	Zhang wins men's all-around at the Asian Games	53
10	星岛日报网	9 月 26 日	直击现场赛事 滑浪风帆女将魏玮恩首争亚运即获银牌	52
11	联合新闻网	10 月 9 日	亚运夺 19 金追平队史最佳成绩	50
12	三立新闻网	10 月 2 日	最后 250 公尺逆转 赖冠杰 1000 公尺轻艇滑出第 12 金	45
13	中天新闻网	10 月 9 日	空手道选手谷筱霜摘金 台新开心发出 50 万夺金大红包	42
14	星岛日报网	9 月 29 日	港队再夺 1 银 3 铜 杨润维表达恭贺	40
15	三立新闻网	10 月 1 日	"老少配"庄智渊、林昀儒 相隔 17 年再摘桌球男双铜牌	39
16	香港电台新闻风	9 月 28 日	国家队选手吴晓微夺亚运武术散打女子 60 公斤级金牌	38
17	Pchome 新闻	10 月 9 日	迎接台湾首位轻艇 K1 亚运金牌张筑涵荣耀归台	38
18	台湾联合新闻网	10 月 1 日	"划船甜心"黄义婷夺牌失败 宣布引退告别 17 年生涯	37
19	香港文汇网	10 月 9 日	中联办致贺电 赞港队体现年轻一代使命担当	35

2. 杭州亚运会单个视频最高播放量达 480 万次

据境外社交媒体分析工具 Keyhole，杭州亚运会开幕以来，X、Instagram、优兔（YouTube）等社交媒体平台上有关"Asian Games 2023"话题潜在影响力达 264 亿。如优兔平台涉亚运视频达 134 万个，其中卡塔尔半岛电视台官方账号"@Aljazeeraenglish"发布开幕式相关视频 4 万余个，单个视频最高观看量达 32 万次；韩国职业电子竞技协会台优兔官方账号"@KeSPA"推送的"杭州亚运会英雄联盟总决赛"视频播放量达 130 万次（见表 2-14）。另据 TweetBinder，抽样 2 万条 X 平台涉亚运信息发现，"Asian Games"话题下，原创内容占比达一成左右，其余九成左右内容均为转发，@ ndtv（新德里电视台）、@ XHNews（新华社）、@ thestandardth（香港英文虎报）等账号影响力位居所有账号前三。

表 2-14　优兔平台"Asian Games 2023"相关视频播放量 TOP20

单位：次

序号	发布账号	标题	播放量
1	@ 3AMSPORTS	India wins gold in squash men's team event ｜# shorts（短视频：印度队获得壁球项目男子团体金牌）	480 万
2	@ SB STUDIOS	Indian VS Pakistan Squash Match ｜# shorts（短视频：印度 VS 巴基斯坦壁球比赛）	400 万
3	@ SportsNext（印度 News18 新闻网）	Asian Games：Team India VS Bangladesh Cricket Match ｜# shorts（短规频：印度 VS 孟加拉国板球比赛）	270 万
4	@ Blueberry TV	亚运男子 3000 米速滑接力赛，韩国选手提前振臂庆祝，被中国台北选手 0.01 秒极限反超！｜# shorts	230 万
5	@ KeSPA（韩国职业电子竞技协会台）	차전, 대한민국 vs 차이니스 타이베이｜우리금융그룹 초청 리그 오브 레전드 국가대표 평가전（杭州亚运会英雄联盟总决赛）	130 万
6	@ DenQ 来了	亚运韩国提前庆祝痛失金牌 中国台北逆转夺金牌	110 万
7	@ 每日电讯 CNEvertDayNews	提前庆祝错失金牌！亚运速度轮滑 3000 米接力赛决赛，韩国队在冲过终点时提前做出庆祝动作，结果被极限反超！｜# shorts	100 万
8	@ narendra Modi（印度总理莫迪）	PM Modi interacts with contingent of Indian Athletes who participated in Asian Games（印度总理莫迪与印度代表团互动）	96.1 万
9	@ mojostory	How Abhay Singh Shut Down Pakistani Trolls By Winning The Gold In Squash ｜# shorts（阿比·辛格如何通过赢得壁球金牌来阻止巴基斯坦巨魔）	88.2 万
10	@ RJ Raunac	Inside Story of Asian Games Super Success（印度代表团在杭州亚运会上取得好成绩背后的故事）	82.2 万
11	@ World Affairs by Unacademy	FIRST TIME IN INDIA'S HISTORY 100 MEDALS at the Asian games（印度代表队奖牌数破百）	69.7 万
12	@ SK Advise	NEPAL VS INDIA ASIAN GAME 2023 CRICKET MATCH LIVE（尼泊尔 VS 印度 2023 年亚洲运动会板球比赛直播）	61 万

续表

序号	发布账号	标题	播放量
13	@ CRIC SPORTS	Live Asian Games 2023 India vs Bangladesh semi-final（直播 2023 年亚运会印度 vs 孟加拉国半决赛）	58.8 万
14	@ tvOneNews（印尼电视台）	Selebrasi Duluan, Atlet Sepatu Roda Korea Selatan Gagal Raih Emas di Asian Games（韩国轮滑运动员亚运会首金失利）	56.5 万
15	@ aljazeeraenglish（卡塔尔半岛电视台）	Hangzhou Asian Games in China open with futuristic ceremony（杭州亚运会充满未来感的开幕式）	30.9 万
16	@ China Today 中国头条	中国跳水队亚运会首场训练 全红婵花式热身表演"炸鱼"随后再现"水花消失术"	26.4 万
17	@ CCTV 中国中央电视台	规模最大、项目最多、覆盖面最广！筹备八年，杭州将呈现一届怎样的亚运会？	25 万
18	@ CGTN	Special Coverage of the Opening Ceremony of the 19th Asian Games	17.4 万
19	@ CCTV 中国中央电视台	杭州亚运会即将开幕！中国体育代表团入住运动员村，"亚运版"复兴号正式载客运营	17.2 万
20	@ 中国新闻社	【杭州亚运会】外媒看亚运：开幕式给了我们太多惊喜	11.8 万

3. 杭州亚运会官方账号入围 X 平台传播影响力 TOP100，省内媒体在境外影响力较为有限

在境外媒体报道中，标注《浙江日报》（*Zhejiang Daily*）、"潮新闻"（Tide News）等省内媒体来源的总计 138 篇，香港特别行政区、台湾地区、加拿大等的关注度位居前列，省内媒体有关"火炬传递"、"开幕式"及"百米短跑"、"游泳"等热门项目的报道是境外媒体转载关注的重点。鹰击平台对 X 平台涉"Asian Games"信息的账号传播影响力分析显示，共有 6 个注册地显示为境内的账号登上 TOP100 榜单，@ ChinaDaily（《中国日报》）、@ globaltimesnews（《环球时报》）、@ XHNews（新华社）等账号影响力居榜单前 50，省内仅杭州亚组委官方账号@19thAGofficial 入围，位列第65（见表 2-15）。此外，@ TideNewsZJ、@ Hangzhoufeel、@ InZhejiang、@ izhejiang 等省内主流媒体、政府机构对外传播账号在 X 平台累计发布 100 条涉亚运信息，单条推文最高收获 13.74 万次阅读、1691 次点赞。

表 2-15 X 平台涉"Asian Games"账号传播影响力 TOP50 及注册地为境内的账号

排名	账号	认证	排名	账号	认证
1	@ Narendra Modi	印度总理莫迪	27	@ Pakistan Cricket	巴基斯坦板球队
2	@ Amit Shah	印度内政部部长阿米特·沙阿	28	@ サツカー日本代表 JP	日本足球国家队
3	@ Sachin Tendulkar	印度板球运动员沙金·田度卡	29	@ Jagat Prakash Nadda	印度人民党主席
4	@ Abhijit lyer-Mitra	个人	30	@ Zee News	印度媒体
5	@ ADG PI-INDIAN ARMY	印度军方	31	@ Nirmala Sitharaman	印度财政部部长
6	@ Shashi Tharoor	联合国副秘书长塔鲁尔	32	@ Chennai Super Kings	金奈超级国王队
7	@李老师不是你老师	个人	33	@ Zhang Heqing	中国驻巴基斯坦大使馆文化参赞
8	@ Piyush Goyal	印度商业和工业部部长	34	@ AajTak	印度媒体
9	@ ABS-CBN News	菲律宾媒体	35	@ ChinaDaily	《中国日报》
10	@ Anurag Thakur	印度共和国信息和广播部、青年事务和体育部部长	36	@ Ministry of Railways	印度铁道部
11	@ BCCI	印度队官方推特账号	37	@ Sun News	加拿大太阳新闻网
12	@ Yogi Adityanath	印度北方邦首席部长	38	@ Kiren Riiju	印度地球科学部部长
13	@ beIN SPORTS	卡塔尔媒体	39	@ globaltimesnews	《环球时报》
14	@ Himanta Biswa Sarma	印度阿萨姆邦首席部长	40	@ Hindustan Times	印度媒体
15	@ ICC	世界板球管理机构国际板球理事会	41	@ XHNews	新华社
16	@ Manohar Lal	印度哈里亚纳邦首席部长	42	@ Naveen Patnaik	印度奥迪沙邦首席部长
17	@ BJP	印度人民党	43	@ The Times Of India	印度媒体
18	@ Devendra Fadnavis	印度马哈拉施特拉邦副首席部长	44	@ Nitin Gadkari	印度道路运输和公路部部长
19	@ KegobloganUnfaedah	个人	45	@ News24	印度媒体
20	@ Arvind Kejriwal	印度新德里首席部长	46	@ rfan Pathan	前印度板球运动员
21	@ M. K. Stalin	印度泰米尔纳德邦首席部长	47	@ Hu Xijin 胡锡进	个人
22	@ Udhay	个人	48	@ ESPNcricinfo	印度板球资讯
23	@ Rappler	菲律宾媒体	49	@ GMA Integrated News	菲律宾媒体
24	@Dharmendra Pradhan	印度石油部部长	50	@ Indian Air Force	印度空军
25	@ ANI	国际亚洲新闻	52	@ CGTNOfficial	CGTN
26	@ DD News	印度媒体	65	@ 19thAGofficial	杭州亚组委官方账号

二　境外传播内容分析

第一，多家境外主流媒体设置"亚运专题"，创新可视化呈现亚运动态。抽样媒体报道量靠前的 10 个国家和地区共 50 家主要媒体官网发现，各媒体均设置"Asian Games"或"亚运会"关键词，有 20 余家媒体设置专题报道页面。除以文字形式推送亚运会动态外，部分境外媒体还通过视频、图片等创新可视化呈现。如韩国电视网推出体育类综艺节目，通过主持人走访亚运村、亚运场馆等，展现杭州亚运风采，相关优兔账号共计发布亚运相关视频 23 个，单个视频最高播放量 2 万次。台湾地区"中央通讯社"将中国台北运动员出赛名单分项目、日期制作成可滑动、切换的"点将录"，日本《读卖新闻》、《印度时报》则设置"亚运照片墙"等。此外，印度新德里电视台等还制作"Congrats Team India"海报，庆祝印度代表团在杭州亚运会上创造历史，总奖牌数破百，相关消息单条阅读量超 10 万次。

第二，超九成境外社媒讨论呈正面及中性情感倾向，美、加等国媒体报道较为负面。据境外社交媒体分析工具 Keyhole 分析，X、Instagram、优兔等社交媒体平台上，38% 的涉"Asian Games 2023"推文产生"积极"影响，57% 的影响为"中性"。以 X 为例，@ PDChinese《人民日报》、@ CNS1952（中国新闻社）等境内媒体官方账号发布的关于奖牌榜、数字火炬手等内容位列涉亚运热门推文 TOP10（见表 2-16），"Team China""创造历史"等正面评论占据留言区，只有转播才能看到的数字火炬手和数字烟花也让不少网民感叹"充满高科技"。

表 2-16　X 平台涉杭州亚运会热门推文 TOP20

单位：次

序号	账号	发布日期	主要内容	转发量
1	@ Narendra Modi	10 月 7 日	庆祝印度队在本届亚运会上实现"奖牌总数达到 100 枚"的目标	3.12 万
2	@ Narendra Modi	10 月 10 日	庆祝印度代表团回国	1.06 万
3	@ ANI（印度媒体）	10 月 11 日	印度女子卡巴迪队队员回国	4093

续表

序号	账号	发布日期	主要内容	转发量
4	@ PDChinese 《人民日报》	10 月 8 日	200 金！中国二创亚运会历史最佳战绩	1000
5	@ JamesHsiehtw	10 月 5 日	为什么台湾在这次亚运会会得那么多金牌？	769
6	@ Lelechen945	10 月 6 日	杭州亚运会上，中国台北棒球队 4 比 1 中国队，成功晋级决赛	696
7	@ PDChinese	9 月 23 日	亚运首次参与"数字人"启动仪式	639
8	@ PDChinese	10 月 5 日	中国女篮亚运夺冠 祝贺女孩们！	545
9	@ CNS1952（中国新闻社）	9 月 26 日	和王一博一起为亚运霹雳舞打 call	622
10	@ zhongguoxiajin1	10 月 20 日	灵感来自良渚玉琮和桂花！亚残运会火炬满满的中国式浪漫	519
11	@ mtxstong10	9 月 23 日	亚运会历史上首个"数字人"参与仪式	445
12	@ XinhuaChinese（新华社）	10 月 6 日	截至 4 日，杭州亚运会官方票务销售网站累计访问量已经超过 10 亿次，注册用户接近 300 万，票务收入已突破 6 亿元人民币	425
13	@ PDChinese	9 月 26 日	祝贺！中国体操女团实现亚运 13 连冠	373
14	@ PDChinese	10 月 8 日	亚运会中国代表团 201 金收官	361
15	@ XinhuaChinese	10 月 7 日	盘点杭州亚运会上的十大感动落泪瞬间	226
16	@ PDChinese	9 月 30 日	祝贺！中国男网时隔 29 年再夺单打金牌	222
17	@ XinhuaChinese	10 月 5 日	10 月 5 日，杭州第 19 届亚运会男子马拉松比赛，中国选手何杰夺得金牌，杨绍辉获得铜牌	124
18	@ XinhuaChinese	10 月 8 日	10 月 8 日，杭州第 19 届亚洲运动会闭幕式在杭州奥体中心体育场举行	117
19	@ XinhuaChinese	10 月 3 日	杭州亚运会轮滑赛场上演了戏剧性一幕：韩国队以为胜利在握而提前庆祝，结果被中国台北队以 0.01 秒极限反超	102
20	@ 小径残雪	10 月 6 日	亚运会门票收入突破 6 亿元	88

另抽样媒体报道量靠前的 10 个国家和地区各 100 篇报道发现，近四成美国和加拿大媒体报道偏负面，"奢侈""抵制"为高频词。台湾地区以及印度、马来西亚、新加坡、韩国、日本等国涉亚运报道均以正面及中性情感为主。

第三，赛事资讯为外媒最主要报道内容，各国家和地区媒体关注点略有不同。抽样 5000 条境外中英文报道发现，超九成报道聚焦赛事动态，其余一成左右内容为涉亚运评论文章，"体育产业""亚运经济"等为评论聚焦的主要话题，"发展""智慧""活力"成为用于形容杭州亚运会的高频词。另据上述 10 个国家和地区媒体报道抽样结果，港澳台地区媒体多聚焦本地代表团动态，另对两岸关系、数字人民币等内容报道较多；印度媒体大力报道该国代表团奖牌数破百；马来西亚、新加坡以及日本、韩国聚焦本国运动员动态。此外，美国、加拿大等非参赛地区则较为关注"亚运外交"，个别媒体还炒作敏感图片等。另外，外籍运动员的沉浸式亚运之旅在境外社交平台广受欢迎，全网"Asian Games Vlog"内容共计 5.76 万个，韩国跆拳道选手李大勋等发布的多个视频播放量超万次。

三　"后亚运时代"如何进一步提升浙江海外影响力

第一，借助"亚运遗产"塑造浙江城市形象，向世界讲好中国故事、浙江故事。相比于往届亚运会，2023 年杭州亚运会不仅留下了"场馆遗产"，也留下了"科技遗产"和"绿色遗产"。其中，亚运会闭幕式结束后（10 月 9—30 日，下同），境外媒体提及"科技"的报道近千篇。如数字火炬手、数字烟花等被境外舆论场频繁提及，相关内容成为 X 平台"Asian Games Technology"话题下的热门；数字人民币等便捷支付体验也受到外籍运动员一致好评，闭幕式后，谷歌新增"数字人民币"网页 1530 万个，较亚运会期间（9 月 23 日—10 月 8 日）的 715 万个大幅增长。鉴于此，建议持续大力宣传亚运盛会背后的人工智能等诸多前沿科技，强化境外舆论场对"数字浙江"的印象。

第二，避免在境外舆论场"自说自话"的情况，需借力"他视角"积极传播。根据上述分析可知，境外媒体在报道杭州亚运会时，多创新呈现方式以推出适合本地受众阅读习惯的内容，或是重点报道本地运动员参赛动态。换言之，面对海外受众群体，为避免出现"自说自话"的情况，需呈现更为贴近该群体习惯和兴趣的内容。外籍运动员视频博客之所以能广受欢迎也是因为他们的现身说法更容易在海外受众之间产生情感共鸣和文化认同。对此，在"后亚运时代"的宣传过程中，还需充分发挥来华留学生、海外华侨等具有"第三文化人"身份优势的运动员群体在不同社会、语言和文化框架下的作用，通过他们多元化的视角积极传播浙江在"后亚运时代"的故事。

第三，持续提升省内账号在X等平台影响力，打造TikTok等视频平台优质账号。就目前而言，新华社、《中国日报》等媒体或媒体单位在X等境外社交媒体平台具有一定影响力，省内部分媒体账号也持续在X平台发布推文，但影响力仍较为有限，后续还需保持账号更新频率，做好内容策划、创新发布推文，进一步提升账号影响力。另值得注意的是，以Tik-Tok、YouTube Shorts等为代表的新流量洼地兴起，逐渐占据全球年轻用户的时间与空间。杭州亚运会期间，有外籍运动员在TikTok上发布挑战《我是石》的"土味"短视频、体验共享单车出行等。为进一步提升浙江省海外影响力，也需打造优质的TikTok、YouTube Shorts等短视频平台账号，通过各种挑战、标签和互动功能，加强与境外网民之间的紧密联系，提高用户忠诚度。

四 "后亚运红利"赋能浙江，提升城市形象的建议

国际体育重大赛事，是国际传播实践中提升国家和举办城市形象的重要契机。为期月余的杭州亚运会，不仅成功吸引了全球150多个国家和地区网民的广泛关注，也为"后亚运时代"改进浙江省的国际传播工作、提升中国国家形象和浙江省的国际形象提供了诸多成功经验。本节在全面综合分析了杭州亚运会国际传播的大数据的基础上，发现了"后亚运红利"，我们应抓住机遇并充分赋能浙江省国际传播。

（一）杭州亚运会成为国际传播场域广泛并持续关注的热点议题

1. 全球150余个国家和地区网民广泛关注"杭州亚运会"

根据对全球传播大数据的跟踪，海内外网络媒体尤其是自媒体成为杭州亚运会国际传播的"主战场"。自9月23日至10月30日的近40天，属于杭州的"两个亚运"，引起全球151个国家和地区的网民的浓厚兴趣，他们曾搜索"杭州亚运会"相关信息，谷歌搜索引擎"Asian Games"词条热度呈持续上升趋势，新增中英文网页超1.82亿个，涉及英语、日语、泰语、印地语等数种语言。

位列搜索热度前 15 的均为亚洲国家和地区，印度、新加坡等地网民关注度最高，值得关注的是，加拿大、澳大利亚等非参赛地区的媒体和网民也给予较高关注，此外欧洲、南美洲、非洲的主要国家网民也有一定关注。

2. 境外媒体报道数量大且时间持久

从国外媒体报道量来看，涉及亚运会的境外媒体报道总量高达 121576 篇，报道涵盖的语言分布情况显示，繁体中文报道占据了 68.18%（82893 篇），英文报道 35207 篇，而简体中文报道 3476 篇。台湾地区的媒体报道数量最多，达到了 52960 篇，其次是香港特别行政区的媒体报道数量，为 23628 篇，而印度的媒体报道数量也很多，达到了 13825 篇。美国和加拿大媒体对杭州亚运会的报道总数分别达到 7479 篇、1231 篇，进入境外媒体报道量 TOP10。

3. 社交媒体和视频报道的潜在影响力巨大

涉及杭州亚运会话题的国际传播内容中，视频的可见度相当高，最高单个视频观看量达到了 130 万次，优兔平台上关于亚运会的视频数量达到了 134 万个，其中卡塔尔半岛电视台官方账号 "@ Aljazeeraenglish" 发布的开幕式相关视频数量超过了 4 万个，而单个视频的最高观看量达到了 32 万次。

此外，全球社交平台中的媒体账号的影响力表现突出。根据境外社交媒体分析工具 Keyhole 的数据，涉及亚运会话题的社交媒体平台潜在影响力达到了 264 亿。外籍运动员的沉浸式亚运之旅等在境外社交平台广受欢迎。

（二）国际网络传播场域积累亚运会的立体认知和正面立场情感趋势

1. 境外主流媒体多样化的报道形式形成对杭州亚运会的立体认知

境外主流媒体采取了多样化的报道形式，生动地展现杭州亚运会的动态，形成对杭州、浙江和中国的立体化认知。通过创新的可视化呈现方式，部分媒体以视频、图片等形式展示赛事精彩瞬间，让观众更加直观地感受到比赛的激烈和紧张。例如，韩国电视网推出了体育类综艺节目，通过主持人的实地走访和深入报道，展现了杭州亚运会的魅力，相关优兔账号共发布了亚运相关视频 23 个，其中单个视频的最高播放量超过 2 万次。

另外，台湾地区的"中央通讯社"以滑动、切换的"点将录"形式将中国台北运动员出赛名单分项目、日期制作出来，便于观众了解比赛的详细情况。印度新德里电视台等媒体单位还制作了"Congrats Team India"海报，以庆祝印度代表团在杭州亚运会上创造历史，总奖牌数破百，相关消息的单条阅读量甚至超过 10 万次。

2. 积累正面和中性情感倾向

大部分境外社交媒体对于杭州亚运会的讨论呈现正面和中性的情感倾向。分析显示，在诸如 X、Instagram、优兔等社交媒体平台上，约 38% 的涉及"Asian Games 2023"推文产生了"积极"影响，57% 的影响属于"中性"，超九成境外社媒讨论呈正面及中性情感倾向。

以 X 平台为例，境内媒体发布的奖牌榜、数字火炬手等相关内容位列涉亚运热门推文 TOP10。在评论区，一些积极的评论如"Team China""创造历史"等占据主导地位，许多网民也对数字火炬手和数字烟花等高科技元素表示惊奇和赞叹。

不足一成的报道含有少量负面倾向，但主要来自对我国存在"刻板印象"的美国和加拿大媒体，其中出现了诸如"奢侈""抵制"等负面词。同与我国相关的其他类别议题相比，杭州亚运会在美国和加拿大媒体报道中的负面倾向比例已经较低。

3. "发展""智慧""活力"成为杭州亚运会报道高频词

超九成报道聚焦赛事动态，其余一成左右内容为涉亚运评论文章，"体育产业""亚运经济"等为评论聚焦的主要话题，"发展""智慧""活力"成为用于形容杭州亚运会的高频词。

除了对赛事的即时报道外，一些国家的媒体更加关注本国代表团在比赛中的表现和动态，如印度媒体大力报道该国代表团奖牌数突破百枚的喜讯。马来西亚、新加坡以及日本、韩国等国的媒体更加关注本国运动员的表现，为观众呈现更为全面、多元的杭州亚运会报道。港澳台地区的媒体聚焦本地代表团动态，同时对数字人民币也进行了深入报道。

美国、加拿大等非参赛地区的媒体更加关注"亚运外交"等政治议题，甚至炒作敏感图片和"奢华办会"等内容。

（三）"后亚运红利"赋能浙江，提升国际传播形象的建议

1. 借助"后亚运红利"打造浙江的"科技"形象和"绿色"形象

第一，充分借助"科技遗产"和"绿色遗产"赋能浙江国际形象。与历届亚运会的国际传播不同，杭州亚运会在"科技遗产"和"绿色遗产"方面给世界民众留下了深刻的印象，尤其是数字火炬手、数字烟花以及数字人民币等成为境外媒体关注的焦点。"科技"和"绿色"成为浙江的新时代国际名片，并将持久蓄能于"后亚运时代"。我们应进一步延续这种"新"势能，充分在国际传播场域打造"新浙江"。

第二，"后亚运时代"，建议将亚运会背后的前沿科技，如人工智能等，作为国际传播场域的重点议题。可以通过发布科技创新成果、可持续发展实践等方面的文章与视频等内容，向国际社会展示浙江的科技创新能力和绿色发展理念，进一步提升境外媒体对"数字浙江"的关注度并大力传播。

2. 建议借助多元化视角，充分挖掘"第三文化人"群体势能

第一，建议借助多元化视角，以中性立场积极传播浙江的具象故事。此次国际传播场域中，杭州亚运会的成功经验之一，是超越"自说自话"，一些中性客观立场的小故事赢得了海外媒体和受众的好感，应在国际传播场域加强具象故事的传播。

第二，充分挖掘"第三文化人"群体势能。除了重视本地运动员的参赛动态外，还应充分发挥来华留学生、海外华侨等具有"第三文化人"身份优势的群体的作用。这些人群可以用他们独特的视角和经历，将浙江的文化魅力和发展成就传递给更广泛的国际受众。

第三，应加强与外籍运动员的沟通与交流，鼓励他们在社交媒体上分享在浙江的亚运会体验和感受。这有助于增进国际社会对浙江的认知和了解。

3. 加强社交媒体平台的传播效能

第一，加强浙江省省内账号在海外社交媒体的传播。很明显，社交媒体已经成为杭州亚运会报道的强势媒体，相关话题的热度至今仍在延续。但目前社交媒体平台上浙江省省内账号的影响力仍然有很大提升空间，建议加大推文更新频率，同时注重内容策划和创新发布。

第二，应抓住 TikTok、YouTube Shorts 等新流量洼地兴起的机遇，打造省内优质账号，通过各种挑战、标签和互动功能，加强与海外用户的紧密联系，从而提高用户的忠诚度和亲近感。

第三，应针对不同平台的特点和受众特点，制定相应的传播策略。

第四，加强与海外用户的互动。可以通过定期举办互动活动，发布有趣、生动的内容等方式，提升海外用户对浙江的关注度和活动参与度。

第三章　两会会议对国家形象
传播的影响

第一节　重大会议与国家形象传播文献综述

国家形象是国际社会对一国政治、经济、文化等多维度的综合认知，其传播效能直接影响国家软实力。当前国际社会对中国的认知存在偏差，国家形象传播面临严峻挑战。国家形象传播研究作为跨学科领域，其理论建构与实践探索同国际政治格局演变紧密相连。研究发现，国家形象的研究呈现"理论移植—范式创新—技术融合"的三阶段演进特征，在形象建构机制与传播效能评估等方面形成了一定的知识积累。早期国家形象研究多借鉴国际关系理论、传播学理论等。随着中国的发展，研究逐渐融入大型活动元素，形成具有中国特色的理论体系，但理论与实践的结合仍需加强。因此，本章需进一步探索如何将理论成果转化为有效的传播策略，提升国家形象的国际认知度。

一　国家形象建构理论的研究范式迁移

国家形象是主权国家软实力在国际舆论场的投射形态。国外学者提出的"三维认知模型"等理论成果[1]推动了国家形象理论建构的三次范式突

---

① R. M. Johnson, & J. O. Millner. "A Creative-Adaptive Model of the Intellect," *Journal of Learning Disabilities* 2, No. 6（1969）：308-315.

破，从客体论①到主客互动论，再到关系建构论②，深化了对国家形象的理解。国内学界的动态建构论在概念本土化方面取得进展，发展出了国家形象"双螺旋结构论"③与"四维评价体系"④等理论创新成果，但测量指标体系仍存在碎片化问题。国家形象"双螺旋结构论"强调政治制度与文化传统的互构作用，认为国家形象的形成既受内部政治制度影响，又受外部文化传统塑造。国家形象"四维评价体系"将硬实力要素纳入形象评估框架，强调国家形象具有符号象征性、价值承载性与关系建构性三重属性特征，要求传播模式从单向输出转向关系传播范式。这些理论创新为解读中国实践提供了独特视角，使国家形象评估更全面。

二 国家形象传播的议程设置与叙事策略

约瑟夫·奈的软实力理论⑤提出议程设置能力在国际话语权争夺中占据核心地位。曼斯巴赫的"议题周期理论"⑥细化了议程演进规律，将国际议题生命周期划分为酝酿期、扩散期、制度化期三个阶段。据此，重大会议在国家形象国际传播议题设置中将发挥独特催化作用。

（一）叙事策略的国际化转向

国家形象传播需建立"全球议题—中国方案"的叙事框架，采用"问题导向—案例佐证"的论证结构与"数据可视化＋故事化"的表达方式。叙事策略的创新实践可显著提升国家形象传播效能。例如，在全球气候变化叙事中，中国以自身减排行动为案例，展现应对气候变化的决心与能力；通过数据可视化展示减排成果，使受众更直观地理解中国的努力，提升中国在应对气候变化领域的领导形象。

---

① Kenneth Boulding, *The Image Knowledge in Life and Society*, New York：Vail-Ballou Press, 1956：6.
② 邢丽菊、赵婧：《新媒体与中国国家形象的国际传播》，《现代国际关系》2021年第11期，第51—59、61页。
③ 刘小燕：《政府形象传播的理论框架》，《现代传播》2005年第4期，第48—50页。
④ 管文虎、刘竞：《共建和谐世界与中国国际形象塑造》，《电子科技大学学报》（社科版）2008年第3期，第57—59页。
⑤ Joseph S. Nye Jr., "Soft Power," *Foreign Policy*, 80（1990）：153-171.
⑥ Richard W. Mansbach, & John A. Vasquez, "The Issue Cycle：Conceptualizing Long-Term Global Political Change," *International Organization* 37, No. 2（1983）：257-279.

（二）重大会议的议程设置功能

以 G20 峰会为例，其议程设置效应呈现"涟漪扩散"特征，核心议题经首脑会议确定后，逐级深化细化，形成三级传播体系。制度性会议如全国两会通过议程设置形成国家形象锚点，国际峰会则通过议题创新实现形象增值，两者共同驱动国家形象传播。又如气候变化议题从科学家提出预警的酝酿期，到国际会议频繁讨论的扩散期，再到《巴黎协定》签署的制度化期，每个阶段的议程设置都影响着国际社会对气候变化的认知与行动，也体现着各国在该议题上的影响力与话语权。制度性会议，比如全国两会在政府工作报告中确定年度发展重点，经媒体报道与解读，向国际社会展示中国的发展方向与决心；国际峰会上提出新的合作倡议，如"一带一路"倡议，提升中国在全球经济治理中的形象。

三 国家形象传播的实践路径探索

（一）制度性会议的形象锚定国家形象传播机制

制度性会议通过议程设置形成国家形象锚点。以全国两会为例，其传播效能体现在政治仪式、议程设置与文化传播三个维度。政府工作报告确立年度传播主题，代表委员通道构建政治沟通新范式，传统元素与现代技术的融合展示强化制度合法性与文化对外传播。例如，全国两会期间的"部长通道"让部长们直接回应社会关切，展示政府的开放与透明；会场布置中的中国传统文化元素，如书法、绘画等，向国际社会传递中国文化魅力。

（二）体育科技类峰会中中国文化符号的转化机制

文化符号的转化机制是国家形象传播的关键。敦煌文化传播的个案研究表明，通过数字技术赋能、时尚设计转译与文创产品开发等路径，可提升海外受众认知度。跨文化适应理论的应用取得突破，为精准化传播提供了量化依据。例如，杭州亚运会利用数字技术创建线上虚拟丝绸博物馆，让全球观众沉浸式体验丝绸文化。世博会与国际时尚品牌合作，将敦煌图案融入服装设计，使敦煌文化在国际时尚界获得关注。

（三）经济类国际峰会中的国家形象增值机制

国际峰会传播效应模型包括焦点效应、光环效应、长尾效应与溢出效应四种模型。通过设置全球议题，采用问题导向的论证结构与数据可视化的表达方式，国际峰会在提升国家形象方面发挥重要作用。例如，金砖国家峰会上展示成员国合作成果，强化金砖国家合作机制的光环效应；会后的媒体报道与学术研究发挥长尾效应，持续提升金砖国家的国际影响力；峰会期间的文化交流活动，如文艺演出等，产生溢出效应，促进成员国间的文化交流与民心相通（见表3-1）。

表3-1　国际峰会传播效应模型

模型	作用机制	典型案例
焦点效应	形成媒体关注峰值	G20杭州峰会全球报道量激增
光环效应	提升国家品牌价值	金砖论坛塑造海南国际形象
长尾效应	持续释放后续影响	世博会带动跨国企业投资
溢出效应	促进关联领域传播	亚运会推动体育文化传播

四　国家形象传播的优化路径

国家形象传播需构建"价值—主体—渠道—策略"四位一体的协同机制。价值层面深挖文化基因，主体层面建立多元协同体系，渠道层面打造全媒体矩阵，策略层面注重叙事创新。例如，在价值层面，深入挖掘儒家文化中的"和而不同"理念，将其融入对外交往中，展现中国的包容与开放；在主体层面，政府与企业、社会组织协同，如华为等科技企业在海外传播中国科技实力，与政府的科技外交形成合力。

（一）创新叙事策略

应建立"全球议题—中国方案"的叙事框架，采用"问题导向—案例佐证"的论证结构与"数据可视化+故事化"的表达方式，通过叙事创新，提升国家形象传播的情感共鸣与理解度。例如，在全球公共卫生议题中，以中国援非医疗队的故事为案例，展现中国的人道主义精神。通过数据可视化展示中国在全球疫苗供应中的贡献，强化国际社会对中国负责任大国形象的认知。

（二）强化多元主体协同

应构建"政府主导—会议支撑—舆情追踪—民众参与"的协同网络。政府制定战略规划，大型会议搭建交流平台，舆情监测平台提供数据支持，民众作为文化载体参与传播，形成国家形象传播的合力。例如，地方政府结合地方特色制定对外传播规划，突出地方文化与经济发展优势。利用世界园艺博览会等国际展会，展示中国园林艺术与生态文明建设成果。通过舆情监测系统实时掌握国际社会对中国政策的反应，及时调整传播策略。鼓励普通民众通过社交媒体分享在中国的生活体验，以民间视角展现真实中国。

第二节　两会综合议题分布

两会涉及多个主体，形式多样，充分尊重参会人员的意愿，将我国人民民主表现得淋漓尽致。本研究采用大数据技术辅助网络内容挖掘与分析研究方法，结合机器学习及内容挖掘获取整体大数据样本，以分析话题整体趋势。进一步针对具体议题及意向态度做分析判断，使用随机抽取样本的方式，通过机器自动分析、网络挖掘结合人工在线内容分析方法，得到准确并具有价值的深度分析结果。

本研究采用以 DataMiner 数据挖掘平台为主要研究工具的大数据技术辅助网络内容挖掘与分析研究方法，经过全网抓取、编码及质量控制、结果呈现三个主要流程完成。对涉及主体、关注重点领域、报道框架、媒体态度、新闻类别、转载新闻来源、报道内容进行信息抓取、分析，通过已有信息对两会形成全面的了解。

一　涉及主体

以 Two sessions、NPC、CPPC 为关键词，根据日浏览量超过 2000 次的标准，通过谷歌和推特搜索，它们分别代表国外的传统新闻发布机构和自媒体。数据来源时间为 2016 年 1 月 1 日至 2018 年 3 月 20 日。得到以下样本（见表 3-2）。

表 3-2　研究样本

单位：条

年份	谷歌传统新闻	推特	总计
2016	64	89	153
2017	133	105	238
2018	289	79	368
总计	486	273	759

传统新闻发布机构和自媒体发布信息排名如表 3-3 所示。

表 3-3　传统新闻发布机构与自媒体发布信息排名

传统新闻发布机构	自媒体
South China Morning Post　南华早报	@ maniac_cn
Gbtimes　环球时代（芬兰 坦佩雷）	@ BeijingReview
GBTIMES	@ DanGarrett97
Xinhua　新华社	@ RMB_Investor
CCTV	@ ChinaDailyUSA
Global Times　环球时报	@ PDChina
BBC News	@ ElaineReyesTV
Ecns. cn　中新网	@ Guangming_Daily
China. org. cn　中国网	@ IIF
SupChina. net　华美董事创办	CGTN America（blog）
Reuters　路透社	The Beijinger（blog）
Daily Times　巴基斯坦 DT	@ XHNews
MFA China　外交部	@ cgtnamerica
Shine News（press release）	@ chinaorgcn
The Diplomat	@ shanghaimoment
China Briefing	@ BychkovLaoshi

续表

传统新闻发布机构	自媒体
China Digital Times	@ Gac_Motor
Financial Times	@ china_news88
Forbes	@ chinafrica1
盖世汽车新闻（press release）	@ BonnieGlaser
News Ghana	@ CGTNDCproducers
	@ Edourdoo
	@ NorthPoint_1
	@ RachaelRuble
	@ SBBeacon
	@ SusSuidae
	@ ayubsumbal
	@ baketsurukakubu

可以看到，有关我国两会的新闻数量是逐年增长的，说明中国的影响力在逐年扩大，而国外对于两会的认识也通过媒体信息进一步加深，这对国家形象有一定的提升作用。

二　关注重点领域

对信息进行分析可以看到，关注的重点领域包括：反腐败斗争、社会保障、教育改革、医疗改革、脱贫攻坚、住房制度、改革开放、环境保护、乡村振兴、依法治国、文化自信、大国外交、收入分配、就业、食品药品安全、金融风险、民族团结、"一国两制"、社会治安、养老、其他（见图3-1）。

图3-1显示，除去"其他"选项，关注的重点领域前三位为"大国外交"、"改革开放"和"依法治国"。从两会关注点来看，它的涉及面非常广，涵盖了人民生活中的各个领域，民生始终是其关注的重点。这充分体现了中国共产党全心全意为人民服务的宗旨，坚持在发展中保障和改善民生，让改革发展成果更多更公平惠及人民群众。

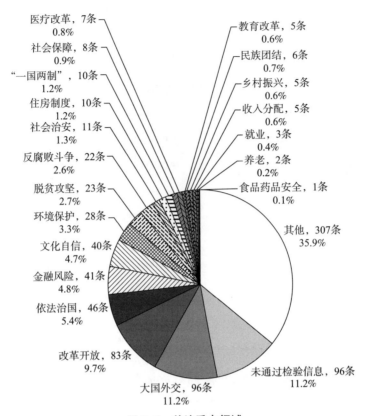

图 3-1　关注重点领域

注：本次统计采用编码员问卷，由三位编码员观测信息后填写编码员问卷，采用编码员一致性检验，包含没有通过编码员一致性检验的 96 条信息，最后有效统计信息为 759 条。

三　报道框架

报道框架分为政治框架、经济框架、文化框架、社会框架、生态框架（见图 3-2）。

报道框架是指新闻媒体对新闻事实进行选择性处理的方法和准则，它们通常基于媒体所处的立场、编辑的方针以及与新闻事件存在的利益关系等，报道框架受媒体行业特殊的规则制约，例如新闻价值规则，通过报道框架我们可以看出一家新闻媒体对事件的基本态度和本质判断。从图 3-2 中我们可以看出，超过四成的媒体选择从政治框架入手对两会进行报道。政治框架受意识形态的影响，西方媒体倾向于强调两会对欧美国家的负面影响，而我国

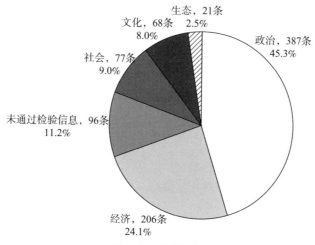

图 3-2 报道框架

媒体强调中国近年的成就，多报道中国共产党领导下人民生活水平的提高，以及展望中国光辉的发展前景，旨在维护一个积极、正面的国家形象。

四 媒体态度

对媒体报道对于中国的态度进行信息抓取，态度可以分为支持、中立、反对。

其中支持占比 49.8%，中立占比 46.8%，反对占比 3.4%，支持和中立占绝大多数（见图 3-3）。

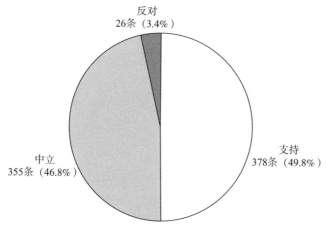

图 3-3 媒体报道对于中国的态度

目前，我国已经成为世界第二大经济体，对世界经济的影响不断加深，但是国家形象的展示却与经济发展地位并不相匹配。西方媒体在全球信息领域的绝对主导地位给我国提升海外形象增加了困难，西方媒体占据着绝对的话语权。通过统计我们可以看出，西方人民对中国的态度情况不容乐观，有相当一部分人对中国的态度摇摆不定，大体上持中立的态度。但近年来移动媒体、社交平台的发展为我国提升国家形象创造了契机，提供了新的思路。在这样的前提下，扩大两会的宣传，通过两会对我国国际形象进行塑造是十分必要且具有重要意义的。

五 新闻类别

对新闻的类别进行区分，可以分为以下几种：用户生产内容（UGC）、专业机构生产内容（PGC）、两者皆有。其中 UGC 占比 30.3%，PGC 占比 67.7%，两者皆有占比 2.0%（见图 3-4）。通过信息分析可以看出，新闻类别还是以专业机构生产内容为主。在专业机构生产内容方面，我们已经做得较为不错，对两会的报道较为全面、专业。专业机构生产内容的好处在于内容质量较高，能够筛选出优质或重大内容呈现给用户，使用户能够获得更加优质的阅读体验，但是无法满足用户个性化的需求，例如专业机构对于两会的报道语言官方色彩较浓，无法采用口语化、幽默化的语言方式。对此，我们建议鼓励用户生产原创内容，通过人民群众喜闻乐见的方式，讲好中国故事，进一步扩大影响力，提升中国形象。

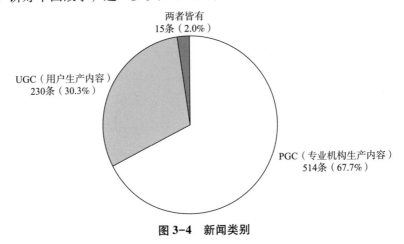

两者皆有
15条（2.0%）

UGC（用户生产内容）
230条（30.3%）

PGC（专业机构生产内容）
514条（67.7%）

图 3-4 新闻类别

六　转载新闻来源

转载新闻来源可以分为国内商业新闻网（如腾讯大浙网、凤凰网、新浪、搜狐）、国外报纸、国外网站、国外社交媒体平台（脸谱、优兔等）（见图3-5），国外网站占比最高。

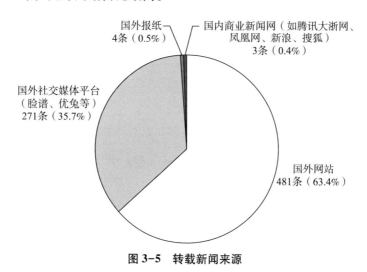

图 3-5　转载新闻来源

通过数据分析可以看到，这些信息向国际社会展示了我国坚持改革开放、坚持保障和改善民生的决心，有利于维护我国积极正面的形象。

七　报道内容

1. 内容类型

内容类型可以分为以下几类：大标题加网址链接式、图片式、文字式、图文式、视频式、动图式、以上皆有（见图3-6）。

其中，文字式占比57.4%，图文式占比29.1%，可以看出报道内容以文字式和图文式为主。不可否认的是，文字是我们最早接触的一种媒介，相较于现在的图片以及视频等表现形式，虽然它能带给我们的感官体验确实有限，但是文字依然是主流的表现形式，受众的范围也是最广的。随着短视频的快速发展，单一的文字新闻已经不能满足人们的阅读需求，短视频越来越成为人们喜闻乐见的新闻表现形式。因此，通过短视频扩大两会的影响力，构建图文结合多样化的新闻传播渠道，也是十分必要的，这一

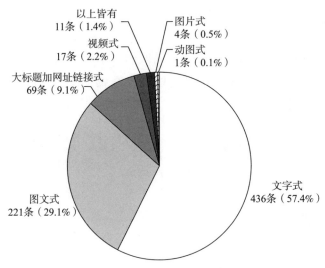

图 3-6　转载新闻的内容类型

点可以学习参照央视频。

2. 报道深度

（1）新闻观点的佐证深度

从图 3-7 可见新闻观点的佐证深度，其中，1 次占比 55.9%，4 次及以上占比 18.1%，2 次占比 13.4%，3 次占比 12.6%。

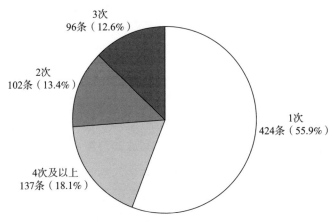

图 3-7　新闻观点的佐证深度

从 2007 年国外媒体对企业所得税法的报道可见一斑。2007 年两会审议并通过的企业所得税法成为热点，其中外资企业税收优惠待遇取消受到了国外媒体的普遍关注。国外媒体对该法的内容及影响进行了持续报道。报道对于该法出台的缘由、结果、影响都有一定的涉及。

（2）推特每天发布新闻条数

对推特每天发布新闻条数进行分析，可以分为三个类别：5条以内、5~10条、10条及以上。其中5条以内占比57.3%，5~10条占比35.6%，10条及以上占比7.1%（见图3-8）。

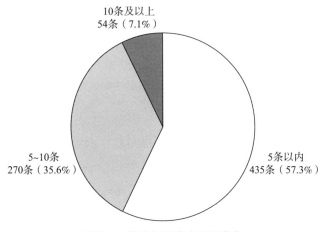

图3-8　推特每天发布新闻条数

3. 新闻内容涉及的主体数量

新闻内容涉及的主体数量可以分为：1个主体（政府官员）、2个主体（政府官员、专家）、3个主体（政府官员、专家、网民）、4个主体及以上（政府官员、专家、网民、记者、评论员等）。其中1个主体占比76.8%，2个主体占比18.3%，3个主体占比2.5%，4个主体及以上占比2.4%（见图3-9）。媒体的报道中还有不同领域的政治热点人物；媒体不仅报道对外宣传会议，还有主题会；报道媒体来源广泛，呈现地域性特征；报道涉及的主体机构不仅有事业单位、政府机构，还有企业单位和党委机构。报道范围的广泛，说明媒体和读者对两会各方面信息的需求增加，均希望更加全面地了解两会的内容。

4. 发布主体

发布主体包括政府部门官员或发言人、相关行业从业人员、记者、代表或委员、学界人士。其中记者占比53.2%、政府部门官员或发言人占比

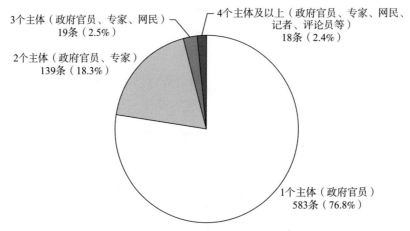

图3-9　新闻内容涉及的主体数量

28.6%、相关行业从业人员占比 12.6%、学界人士占比 3.0%、代表或委员
占比 2.5%（见图 3-10）。由此可见，新闻发布的主体还是记者、政府部
门的官员或发言人，他们掌握着大量一手资料，能够保持新闻发布活动的
高密度和高频率，及时主动回应社会关切。在"互联网+"的背景下，新
闻发布、获取渠道不断拓宽，因此应该营造发布主体的多元化格局，使两
会的影响力能够渗透到更广泛的群体当中。

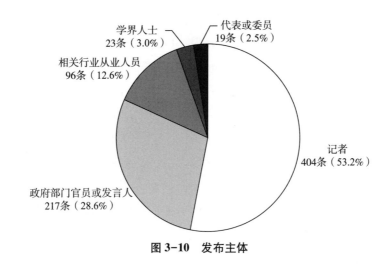

图3-10　发布主体

5. 报道涉及机构

报道涉及的机构可以分为党委机构、政府机构、事业单位、企业单

位、其他。其中政府机构占比 42.3%，企业单位占比 7.8%，党委机构占比 2.8%，事业单位占比 1.7%，其他占比 45.5%（见图 3-11）。可以看出，政府机构作为发布信息的主体，占了很大的比例。这是因为政府机构是社会经济发展具体政策的制定者，能够指导产业的走向、经济发展的趋势，对于社会发展具有重要的影响。其次是企业单位。企业单位主要包括国有企业和民营企业，媒体关注较多的是国有企业改革，而国有企业改革亦是中央高度重视的重点任务。两会期间，媒体势必充分把握这一趋势，报道加快企业发展、降低企业投融资成本相关内容，这使企业的关注度有所上升。再次是党委机构。两会期间，媒体对于党委机构的关注度也不断提升，因为其具体举措或者思路极有可能影响一定时期的发展，相关报道能够让群众真正了解党中央、省委、省政府等职能部门的日常运作。最后是事业单位。这是因为报道所涉及的事业单位更多的是学校、医院、研究院等机构，而这些机构与日常生活中的教育、医疗、学术研究等话题息息相关。媒体在考虑关注热点分布时，势必会更多地考虑民生领域问题，以此吸引读者的目光，同时也能够真正反映社会真实情况，并为城市建设提供有利的基础条件。

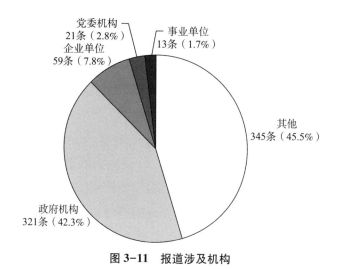

图 3-11　报道涉及机构

6. 报道涉及机构级别

将报道涉及的机构分为两种：中央媒体、地方媒体。中央媒体占比

87.6%，地方媒体占比 12.4%（见图 3-12），中央媒体占有绝对优势，由此可见，报道大多由中央媒体发起，中央媒体影响力较大，拥有较大话语权。媒体是治国理政的工具或平台，也就是说，中央媒体是中央政府的管理工具或平台，地方媒体是地方政府的管理工具或平台。由于中央与地方权属关系的差异，中央媒体与地方媒体有着不同的作用。中央媒体在报道两会新闻时可以起到引导作用，掌握大方向，但同时地方媒体也应该发挥主动性。地方媒体更了解当地人群的阅读喜好，能将两会内容进一步加工为人们喜闻乐见的形式。当前新闻关注点不断向地方媒体转移，地方媒体区域内的影响力不断扩大。尤其是随着自媒体不断壮大，传统网络媒体也面临着较大的挑战。

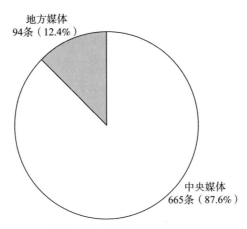

图 3-12　报道涉及机构级别

7. 报道涉及的主要会议形式

两会报道涉及的会议形式包括预备会、开幕会、小组（以界别为单位）会议、界别联组会议、主席团会议、主席团常务主席会议以及选举大会、闭幕会、新闻发布会、其他。

其中，小组（以界别为单位）会议占比 14.5%，新闻发布会占比 6.3%，主席团会议占比 5.7%，开幕会占比 2.4%，主席团常务主席会议及选举大会占比 1.7%，闭幕会占比 0.3%，预备会占比 0.1%，界别联组会议占比 0.1%，其他占比 68.9%（见图 3-13）。

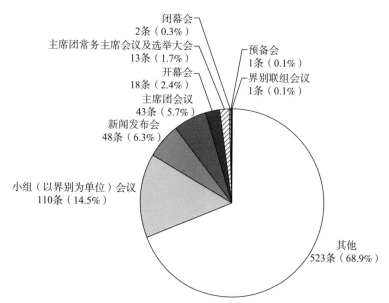

图 3-13　报道涉及的主要会议形式

8. 报道涉及的地区

如表 3-4 所示，除国家层面外，报道涉及的地区有北京市、香港特别行政区、上海市、广东省、江苏省等。其中报道涉及北京市的占 27.8%、报道涉及香港特别行政区的占 4.1%、报道涉及上海市的占 2.4%、报道涉及广东省的占 1.7%、报道涉及江苏省的占 1.0%。这些地区或经济实力强大，或政治地位突出、历史文化悠久，具有良好的发展前景，对媒体的吸引力较大。但是，对于中西部等欠发达地区的两会报道数量较少。目前我国正致力于实现共同富裕，与中西部地区相关的议题也会越来越多，媒体对这些地区的报道是十分必要的。

表 3-4　报道涉及的区域

单位：条，%

序号	区域	数量	百分比
1	全国	426	54.9
2	北京市	216	27.8
3	香港特别行政区	32	4.1

序号	区域	数量	百分比
4	上海市	19	2.4
5	广东省	13	1.7
6	江苏省	8	1.0
7	山东省	7	0.9
8	浙江省	7	0.9
9	台湾地区	7	0.9
10	河北省	4	0.5
11	四川省	4	0.5
12	甘肃省	3	0.4
13	新疆维吾尔自治区	3	0.4
14	陕西省	3	0.4
15	天津市	3	0.4
16	广西壮族自治区	3	0.4
17	安徽省	3	0.4
18	河南省	2	0.3
19	湖南省	2	0.3
20	重庆市	2	0.3
21	黑龙江省	2	0.3
22	青海省	1	0.1
23	西藏自治区	1	0.1
24	宁夏回族自治区	1	0.1
25	云南省	1	0.1
26	海南省	1	0.1
27	江西省	1	0.1
28	澳门特别行政区	1	0.1
	总数	776	100.0

注：为统计方便，将对全国两会的报道与对各地区两会的报道合并在同一表格，旨在加强对比。下同。

9. 国外媒体报道区域重点涉及议题框架

由表3-5可以看出，国外媒体对于涉及全国两会以及北京市、香港特别行政区、上海市、广东省的报道较多，并且报道集中于政治、经济领域。

表 3-5　国外媒体报道区域重点涉及议题框架

单位：条，%

区域	政治	经济	社会	文化	生态	总数	百分比
全国	209	130	43	35	9	426	54.9
北京市	134	46	17	11	8	216	27.8
香港特别行政区	18	10	2	2	0	32	4.1
上海市	2	7	6	4	0	19	2.4
广东省	2	7	1	2	1	13	1.7
江苏省	3	1	0	4	0	8	1.0
山东省	4	1	1	1	0	7	0.9
台湾地区	4	1	1	1	0	7	0.9
浙江省	0	1	2	2	2	7	0.9
河北省	0	2	0	1	1	4	0.5
四川省	1	0	1	1	1	4	0.5
新疆维吾尔自治区	3	0	0	0	0	3	0.4
甘肃省	2	0	0	1	0	3	0.4
陕西省	0	1	0	2	0	3	0.4
天津市	1	0	1	0	1	3	0.4
广西壮族自治区	0	1	1	1	0	3	0.4
安徽省	1	0	1	1	0	3	0.4
河南省	0	0	0	2	0	2	0.3
湖南省	2	0	0	0	0	2	0.3
黑龙江省	0	2	0	0	0	2	0.3
重庆市	1	0	1	0	0	2	0.3
青海省	0	0	0	1	0	1	0.1
西藏自治区	0	0	0	0	0	1	0.1
宁夏回族自治区	0	0	0	1	0	1	0.1
云南省	1	0	0	0	0	1	0.1
海南省	1	0	0	0	0	1	0.1
江西省	0	0	0	1	0	1	0.1
澳门特别行政区	1	0	0	0	0	1	0.1
总数	390	210	78	75	23	776	100.0

10. 重点领域与新闻态度

由表3-6可以看出，报道的重点集中在经济、政治、民生等领域。支持率最高的三个领域为养老、食品药品安全、医疗改革，分别占100.0%、100.0%、85.7%，反对率最高的三个领域为教育改革、收入分配、社会治安，分别占20.0%、20.0%、18.2%。从总体上看，媒体对于我国新闻报道的重点领域仍然保持积极的态度。

表 3-6　重点领域与新闻态度

单位：条，%

重点领域	中立		支持		反对		总数	
	数量	百分比	数量	百分比	数量	百分比	数量	百分比
其他	226	56.1	168	41.7	9	2.2	403	100.0
大国外交	37	38.5	54	56.3	5	5.2	96	100.0
改革开放	33	39.8	50	60.2	0	0.0	83	100.0
依法治国	10	21.7	36	78.3	0	0.0	46	100.0
金融风险	21	51.2	14	34.1	6	14.6	41	100.0
文化自信	24	60.0	16	40.0	0	0.0	40	100.0
环境保护	11	39.3	16	57.1	1	3.6	28	100.0
脱贫攻坚	11	47.8	11	47.8	1	4.3	23	100.0
反腐败斗争	7	31.8	15	68.2	0	0.0	22	100.0
社会治安	4	36.4	5	45.5	2	18.2	11	100.0
住房制度	7	70.0	3	30.0	0	0.0	10	100.0
"一国两制"	4	40.0	6	60.0	0	0.0	10	100.0
社会保障	3	37.5	4	50.0	1	12.5	8	100.0
医疗改革	1	14.3	6	85.7	0	0.0	7	100.0
民族团结	0	0.0	5	83.3	1	16.7	6	100.0
教育改革	3	60.0	1	20.0	1	20.0	5	100.0
乡村振兴	2	40.0	3	60.0	0	0.0	5	100.0
收入分配	1	20.0	3	60.0	1	20.0	5	100.0
就业	2	66.7	1	33.3	0	0.0	3	100.0
养老	0	0.0	2	100.0	0	0.0	2	100.0
食品药品安全	0	0.0	1	100.0	0	0.0	1	100.0
总数	407	47.6	420	49.1	28	3.3	855	100.0

11. 地区与新闻态度

从表 3-7 中可以看出，持支持态度者占 52.8%，持中立态度者占 43.7%，持反对态度者占 3.5%。

表 3-7　地区与新闻态度

单位：条，%

地区	中立		支持		反对		总数	
	数量	百分比	数量	百分比	数量	百分比	数量	百分比
未提及	280	65.7	131	30.8	15	3.5	426	100.0
北京市	19	8.8	191	88.4	6	2.8	216	100.0
香港特别行政区	15	46.9	17	53.1	0	0.0	32	100.0
上海市	6	31.6	13	68.4	0	0.0	19	100.0
广东省	3	23.1	9	69.2	1	7.7	13	100.0
江苏省	0	0.0	8	100.0	0	0.0	8	100.0
浙江省	1	14.3	6	85.7	0	0.0	7	100.0
山东省	5	71.4	2	28.6	0	0.0	7	100.0
台湾地区	2	28.6	5	71.4	0	0.0	7	100.0
四川省	1	25.0	3	75.0	0	0.0	4	100.0
河北省	2	50.0	2	50.0	0	0.0	4	100.0
广西壮族自治区	0	0.0	3	100.0	0	0.0	3	100.0
甘肃省	1	33.3	2	66.7	0	0.0	3	100.0
新疆维吾尔自治区	0	0.0	1	33.3	2	66.7	3	100.0
陕西省	0	0.0	2	66.7	1	33.3	3	100.0
安徽省	1	33.3	2	66.7	0	0.0	3	100.0
天津市	1	33.3	1	33.3	1	33.3	3	100.0
湖南省	0	0.0	2	100.0	0	0.0	2	100.0
重庆市	0	0.0	2	100.0	0	0.0	2	100.0
河南省	1	50.0	1	50.0	0	0.0	2	100.0
黑龙江省	1	50.0	0	0.0	1	50.0	2	100.0
青海省	0	0.0	1	100.0	0	0.0	1	100.0
西藏自治区	0	0.0	1	100.0	0	0.0	1	100.0
宁夏回族自治区	0	0.0	1	100.0	0	0.0	1	100.0
云南省	0	0.0	1	100.0	0	0.0	1	100.0

地区	中立		支持		反对		总数	
	数量	百分比	数量	百分比	数量	百分比	数量	百分比
海南省	0	0.0	1	100.0	0	0.0	1	100.0
江西省	0	0.0	1	100.0	0	0.0	1	100.0
澳门特别行政区	0	0.0	1	100.0	0	0.0	1	100.0
总数	339	43.7	410	52.8	27	3.5	776	100.0

第三节　打好两会名片，讲好中国故事

为了加强两会对中国形象的传播作用，传播中国精神，本节提出三个战略，分别是媒体战略、品牌战略、纵向战略。

一　媒体战略：大力提升两会传播渗透力

1. 着眼全局，拓展渠道，采取更为主动的传播策略，进一步提高两会传播的国际化水平

第一，积极发挥媒体的传播优势，大力提升传播实效性和有效性。新媒体因其快捷化、多维度、交互性优势逐渐在各类新闻传播路径中凸显，应利用好各类新媒体的优势，借助播发的新闻视频、各大报纸刊登的新闻等，形成推介"组合拳"。主流媒体占据主动性先声夺人也有一定的必要性。从信息来源可以看出，推特上的信息主要来自国外社交媒体以及国外网站，而传统媒体的信息主要来自国外网站和国内政府新闻网站，说明我国传统媒体和政府新闻网站的权威性受到严肃媒体的认可，但是新媒体平台引用率低，其发声频率较低。主流媒体应该加强传播宣传，引导舆论走势，尽可能消除负面影响。

第二，拓展传播广度。针对媒体关注度较高的热点领域进行专题报道，拓展传播的广度，在此基础上，我们应针对周边地区提高传播辐射的速度和效率。

2. 多元传播，打造口碑，采取更细致的针对性传播方式，提升传播效果

第一，针对不同的媒体、不同的地域，要有针对性的传播方式。例

如，针对新媒体，推送形式要多元化，目前我们提供的专门性视频报道还较少，而新媒体进入视频社交媒体时代，要加强微视频的制作和报道、图片内容多元化报道，提升传播效果。

第二，加强前期的铺垫性传播。目前的报道主要集中于两会期间，而平时的铺垫性传播不多，这就造成我们难以充分发挥两会的辐射性和连续性效应。对此，应筹备制作两会相关的文化传播内容，为下一届两会进行铺垫性传播。

第三，丰富细节性传播。从媒体的传播内容来看，宏大主题相对较多，细节性报道还不够丰富，建议以后的报道进一步丰富细节，并吸引新媒体用户对两会的关注。

3. 立足本地，充分借力，充分发挥宣传部门和媒体的主场优势，大力提升定向传播和推广水平

健全中国两会期间传播及服务机制，充分利用新闻媒体平台，大力提升定向推广水平，打造中国两会文化品牌。以往两会的推广及相关服务中存在社交媒体运用不够充分灵活、定点推广未能全面执行、对外提供的咨询材料不够周全等问题，在以后两会举办前期，应该重点解决这些方面的问题，建议提前制作与两会相关的咨询材料和宣传册，强化新媒体及数字服务机制，加强与全球网民的互动等。

二 品牌战略：借力两会，传播中国形象

1. 高度重视两会对中国形象传播的辐射性和连续性效应，制定专门的两会国际传播战略

通过对两会传播的大数据分析，可以看到，两会已经成为中国形象的传播名片，对中国形象的传播产生极大的正面效应。在下一届两会到来之前，我们应制定专门的系统的国际传播战略，进一步发挥两会在国际传播中的辐射性和连续性效应。因此，建议相关政府机构共同制定两会国际传播战略，从顶层设计出发，通盘谋划借力国家两会国际传播平台，讲好中国故事，传播好中国声音。

2. 深入挖掘两会的文化表征资源，提升传播穿透力

实施两会名片提升工程，借助浙江等高科技地区作为互联网"高地"

的科技优势，推进两会传统文化与前沿科技深度融合，提升两会传播穿透力。新闻话题的传播活力在一定程度上取决于议题的高度或共同关注度，功能效用狭隘的话题辐射的范围相对较窄，而致力于解决绝大部分人公共问题的议题则能得到广泛的关注。在新闻媒体的国际化传播过程中，科学技术向生产力转化方面的议题一直是人们走向未来的重要关注点。两会的国际化传播还需要继续深挖科技对生产的促进作用。因此，两会的前期报道需要紧跟"科学技术是第一生产力"这一新闻传播"台风眼"，提升传播穿透力。

三 纵向战略：结合中国实践、中国故事做好深度解读和深度阐述，让中国两会报道"活起来"

1. 突出中国元素，讲好中国故事

聆听政府工作报告，梳理报告中的重点内容，结合中国各地实践，从乡村振兴、高质量发展、最多跑一次、创业创新等方面，扎根中国以及各城市土壤，做好"天线"与"地气"相结合，讲好中国故事。

2. 深度挖掘地区先行改革的独特性和显著成就

通过对两会的报道，分析部分地区先行改革取得的成就，对关注的热点进行深度挖掘，形成可以传播的地区发展经验。

3. 深耕现场，不断融合创新

聚焦关注热点，通过全媒体、立体化的报道，增强贴近性、感染力，提升传播力、影响力，努力将两会报道写得生动活泼，使两会报道"活起来"。

第四章 "一带一路"倡议对国家形象传播的影响

第一节 讲好中国故事的研究综述

党的十八大以来，党中央一直高度重视国际传播能力的建设，这是一种国家软实力的体现。利用一些影响力、传播力比较大的国际化会议来隐性地传播中国故事，能够收获事半功倍的效果。"讲好中国故事"是提升中国国际话语权和文化软实力的"巧战略"。讲好中国故事是中国国际话语权和文化软实力的连接体和居间者，具有整合中国软实力和硬实力的"巧实力"特征，一方面，讲好中国故事可以为提升中国国际话语权提供接地气的话语内容；另一方面，它又可以为中国文化软实力提供共享性的国际价值观话语。讲好中国故事不仅是一种提高中国国际传播能力的"传播术"，更是提升中国国际话语权和文化软实力的一种"巧战略"。

近年来关于讲好中国故事方面的研究主要集中于中国故事的文化内涵研究即"讲什么"、中国故事的传播主体研究即"谁来讲"、中国故事的传播渠道与受众研究即"给谁讲"和中国故事的传播策略研究即"如何讲"四个方面。

一 讲好中国故事的文化内涵研究

传播的基础是内容，因此讲好中国故事的前提是挖掘优秀的文化内涵。针对这方面的研究，有学者主要围绕中国梦、中国精神和中国价值等方面探讨讲好中国故事的核心内涵。如王义桅提到讲好中国故事在于传递故事背后的价值根源;[①] 穆占劳认为讲好中国故事的路径是通过传统美德来弘扬中国精神[②]。还有学者围绕厘清认知概念,遵循四个"讲清楚"探讨讲好中国故事的标准。

在冷战行将结束的 1990 年,约瑟夫·奈适时提出了"软权力"概念,指出军事实力等硬权力在今后国际政治中的重要性将进一步下降,而议程设置或对议程的控制等"软权力"的重要性将日益凸显。奈认为,一个国家的软权力主要有三个来源:文化(对他国具有吸引力)、政治价值观(在内外事务中遵守并实践这些观念)和对外政策(正当合理且具有道德上的权威性)。与硬权力不同,许多软权力资源并不属于政府,而且并不总是产生政府想要的政策结果。

南希·斯诺在《公共外交手册》中写道,一国软实力是由三个维度来衡量的:该国的文化和观念是否符合全球流行标准;该国是否有能力运用全球传播渠道影响新闻报道框架;该国是否通过其国内和国际行为赢得公信力。可见,在传播学意义上,一个国家利用其文化内涵与底蕴和现代化的传播渠道,具备了掌握国际议程设置的能力,就具有了一定程度的软实力。

曼斯巴赫和瓦斯克斯还提出"议题周期"概念,指出全球重大议题往往都要经历"酝酿、危机、仪式化、休眠或决策、权威性分配以及从议程中消失"几个阶段。"议题从一个阶段过渡到下一个阶段,可以看作(国际体系的)微观变化;而一个重大议题的解决以及另一个议题进入议程,则是(国际)体系内更为根本性的宏观变化。"

二　讲好中国故事的传播主体研究

传播主体不同,决定着内容框架不同。针对这方面的研究,有学者认为政府是对外传播的战略制定者和决策引导者,起到关键作用,如徐占忱

---

① 王义桅:《中国故事的传播之道》,《对外传播》2015 年第 3 期。
② 穆占劳:《中国故事、中国精神、中国智慧与文化自信》,http://www.wenmingcc.org/index.php/cms/item-view-id-13005.shtml,2017 年 1 月 5 日。

谈道应借鉴西方国家的先进经验，整合外交部、文化部、国新办等多个部门力量，把讲好中国故事上升到国家战略沟通的框架层面；① 有学者认为中国企业在海外提供的产品和服务也代表着国家形象，如蔡名照建议鼓励具有国际影响力的企业把企业经营活动、企业文化与国家形象有机结合起来；② 有学者认为智库被国际媒体引用有利于改善中国形象，提升中国声音的国际影响力，如吴瑛等提到应进一步培育一批面向国际的第三方智库，加大开展国际交流合作力度，尽可能以独立学者身份发出声音；③ 还有学者认为民众以及民间团体是讲好中国故事必不可少的"微主体"，如刘彤等认为互联网缩小了国界，增进了不同国籍之间人们的交流，这使得每个个体都成为讲述好中国故事的微主体，因而要加强民众教育④。

基欧汉和奈堪称国际议程设置研究的先驱。他们在《权力与相互依赖》一书中提出，在"复合相互依赖"的国际政治环境下，由于国家间联系、跨政府联系和跨国联系等"多渠道联系"的加强（即国际政治行为体多元化），在国际层次上，国家和各个行为主体"在各种论坛展示自己的观点"，并力图使自己关注的问题在国际组织中提出来，通过议程的扩大或缩小追求自身优势的最大化。值得一提的是，他们还提出即使各国能力不变，跨国行为主体重要性的增加也将影响议程（设置）。20 世纪 70 年代早期对于多国公司或民间团体的宣扬及其过去 20 年间的迅猛发展，使得多国公司或民间团体的管理在联合国议程和国家议程中的地位上升。

曼斯巴赫和瓦斯克斯强调指出，国际政治中存在两大类行为体："声势显赫"的行为体（high-statusactors）及弱小的行为体。前者由于对全球传媒及国际组织具有巨大的影响力，可以直接设置国际议程；后者由于资源有限，必须借助与这些声势显赫行为体的"特殊关系"或利用国际组织，才有可能引起前者的注意，从而间接设置议程。换言之，在国际政治

① 徐占忱：《讲好中国故事的现实困难与破解之策》，《社会主义研究》2014 年第 3 期。
② 蔡名照：《讲好中国故事 传播好中国声音——深入学习贯彻习近平同志在全国宣传思想工作会议上的重要讲话精神》，《对外传播》2013 年第 3 期。
③ 吴瑛、张洁海：《中国智库传播中国声音——基于国际媒体引用视角的评估》，《国际观察》2015 年第 3 期。
④ 刘彤、于宁：《从"大时代"到"微时代"看中国故事的群众表达》，《四川戏剧》2014 年第 7 期。

中，只有那些"声势显赫"的大国才拥有直接设置国际议程的"进入渠道"，弱小行为体只有间接设置国际议程的"进入渠道"。

三 讲好中国故事的传播渠道与受众研究

传播渠道与受众不同，影响着最终的传播效果。针对这方面的研究，有学者认为媒体是传播渠道的主战场，如张妍认为我国对外传播还存在诸多问题，应树立大传播的概念格局，整合各类媒体资源，形成立体多样的现代传媒体系；① 有学者如周根红提倡应通过文学影视作品以润物细无声的方式来讲述中国故事；② 有学者提出应通过各种国际活动发掘更大的契机，以此讲好中国故事，如李宏策谈道 G20 峰会这个舞台为讲好中国故事提供了新机遇；③ 有学者认为应借船出海，借助海外媒体和外籍知名人士来讲述中国故事，如李子祥认为通过外媒传递的信息，可提升针对国外受众的可信性，降低其陌生感与距离感，从而更好地实现文化"走出去"的目的；④ 还有学者认为讲好中国故事的关键是要有受众思维，如张岩指出讲好中国故事要更多地讲述与外国人利益相关的内容⑤。

曼斯巴赫和瓦斯克斯强调指出，单个行为体能否成功地将其个体议程设置为全球议程或国际议程，关键在于它能否拥有国际议程的"进入渠道"（accessroutes）："这些进入渠道决定了何种资源对于将议题纳入议程是必不可少的。"斯蒂芬·G. 利文斯通（Steven G. Livingston）指出，议程设置是"在相关的行为体群体中，将议题提升到显著的过程"。在国际传播中，议程设置及对议程的控制至关重要，它是"获取和拓展权力的首要工具"。利文斯通还在曼斯巴赫和瓦斯克斯的议程"进入渠道"基础上，提出了议程"切入点"（accesspoints）概念，指出国际政治的议程设置是通过"议程切入点进行的，也是通过切入点来进行议程控制的"。所谓"切入点"，是指行为体构建令人信服的议题的场所。在国际政治中，它大

---

① 张妍：《多策并举 讲好中国故事》，《中国社会科学报》2015 年第 4 期。
② 周根红：《讲述中国故事与影视叙事的话语建构》，《中国广播电视学刊》2015 年第 9 期。
③ 李宏策：《G20：讲好"中国故事"的契机》，《科技日报》2016 年 9 月 5 日，第 3 版。
④ 李子祥：《新形势下讲好中国故事的路径探索》，《前沿》2014 年第 8 期。
⑤ 张岩：《习近平讲述的中国故事》，《中国报道》2016 年第 5 期。

致包括四类场所：全球知识生产场所、跨国网络及传媒、关键的国际组织或机制、国际会议或联盟等外交活动。正是通过这些切入点，问题的界定、政策备选方案以及议题显著性三者结合起来，从而塑造了一项国际议题。从某种意义上说，议程设置的成功与否取决于一个行为体是否居于有利地位，恰好拥有或可以利用这些切入点。

四 讲好中国故事的传播策略研究

运用好传播策略，才能讲出好的故事。在现实生活中，某些议题与个体的利益关系不紧密，关联度低，甚至没有关联，公众因而表现出极其有限的兴趣或者根本就没有兴趣。媒介之所以能设置公众议程，原因在于公众对媒介产生了心理导向的需求。通过对议题的特别强化，新闻媒介在议题与公众之间建立起利益的关联性（relevance），降低或克服议题的不确定性（level of uncertainty），让公众觉得这一议题与自己的利益相关，进而接受媒介对自己的心理引导。麦库姆斯把这叫作导向需求。导向需求和议题与公众的关联程度呈正相关，与议题不确定性呈负相关。在具体如何能提高公众（个体）与议题之间的关联度方面，麦库姆斯引入了客体（object）和属性（attribute）两个概念。在议题设置理论中，客体可以是某些宏大的事物，也可能是具体的事务、观念、政策等，既可以是国际问题，也可以是国内问题。所谓"属性"，指的是人们关于某客体在头脑中的那些图画的特点或特征。每个客体具有无数的属性。作为客体中的一种，议题同样具有不同的属性。媒体通过对议题的特定属性选择性强化，即框定议题的某一或某些特性，让受众觉得这一议题与自己的利益相关，从而产生心理引导需求，去关注媒体倡议的议题。

针对这方面的研究，有学者认为树立高度的文化自信是根本，如胡正荣认为，中国故事实质就是中国在自信且被他信的制度和理论指导下的中国现实体现[1]；有学者提到要适应国际表达形式，与世界接轨，以此来更

---

[1] 参见郭尧《讲好中国故事 提高国际话语权——专访中国传媒大学副校长、博士生导师胡正荣》，《国家治理》2015 年第 26 期。

好地传播中国话语，如李德顺谈到当今的世界话语格局是西强我弱，因此要避免掉入其传播陷阱；① 有学者认为构建具有中国标签的国际话语交流体系是当务之急，如孙敬鑫指出关键词在讲好中国故事、传播国家形象中具有十分重要的作用，所以要把中国故事的核心理念、准确性、可读性等作为构建国际话语体系的考量指标；② 有学者指出讲好中国故事要创新议题设置，重视讲故事的艺术，如周鑫宇谈到要具备创新思维，无论是话语范畴还是议题设置均要有国际化视野，以引导国际舆论方向，③ 房宁指出进行国际传播时，讲故事往往比讲道理更重要，特别是面对那些对中国道路存有误解甚至偏见的西方受众时，更要讲究讲故事的语言艺术；④ 有学者认为减少"文化折扣"能够更好地实现有效传播，如陈雪飞指出因为中外文化的差异和语言的不通，有可能造成"传而不通，通而无效"的局面，所以要尽可能实现等价表述；⑤ 还有学者指出中国故事的生产者、传播者以及受众都是活生生的人，因此要加强国际新闻传播人才队伍建设，如高晓红等建议需要形成由党和政府主导、主流媒体和新闻院校联手办学的模式。⑥

党的十八大以来，党中央高度重视国际传播能力的建设，这是国家软实力的一种体现，习近平总书记在多个场合都强调要着力打造融通中外的新概念、新范畴、新表述，要学会讲好中国故事，传播好中国声音。要利用一些影响力比较大的国际会议来隐性地传播中国故事，可以起到事半功倍的效果。

第二节 "一带一路"倡议对国家形象传播的影响

本节通过网络挖掘和机器学习技术采集网络媒体关于"一带一路"的

---

① 李德顺：《对其说"不"并非高明应对 普世价值与中国故事》，《人民论坛》2014 年第 4 期。

② 孙敬鑫：《借"中国关键词"讲好中国故事》，《对外传播》2016 年第 2 期。

③ 周鑫宇：《用"新"讲好中国故事》，《中国教育报》2013 年 12 月 27 日。

④ 房宁：《讲好中国故事的"舍"与"得"》，《光明日报》2015 年 11 月 14 日。

⑤ 陈雪飞：《讲中国故事要有受众意识》，《社会观察》2015 年第 6 期。

⑥ 高晓红、赵晨、赵希婧：《中国特色国际新闻传播人才培养模式与创新》，《对外传播》2015 年第 6 期。

海量信息，并通过分析整体数据来显示舆情信息的整体趋势，即事件发展的趋势。另外随机抽取部分样本进行人工分析、在线内容分析，如支持度分析，以及单变量结果，如涉及的主体、政治人物、区域、合作领域、对合作领域的预测以及设计战略的议题。此外，进一步挖掘变量间的差异和关系，如提及的区域与对"一带一路"整体态度之间的关系，以及提及的区域与合作领域之间的关系，快速并深度挖掘传统新闻媒体及网络媒体对于"一带一路"的舆情信息。本研究的数据分析结果是结合母体及样本数据得出的。母体是通过搜索 2013 年 1 月 1 日至 2017 年 12 月 31 日所有的新闻媒体、网络论坛、脸谱时事类群组/专页、推特等，采集到的与"一带一路"相关新闻175 条，推特文章142 篇。

　　内容分析法的类目构建是从"说了什么"和"怎么说"两个方向来进行设置的[①]。从整体态度来构建"怎么说"的类目，进一步探索全球媒体对"一带一路"共建报道的情绪。"怎么说"的类目包括态度和评价。另外构建"说了什么"的类目，主要指传播主体、传播内容。本节类目设置基于以上构建思路，观察新闻媒体及社交网站中关于"一带一路"共建的报道和网民相关言论，并侧重于挖掘国内本土的特色内容，如东南亚地区在"一带一路"倡议中的角色以及对葡语系国家的关注。将其涉及的主体、人物以及政策内容中所涉及的区域、设计战略、合作领域设置为类目。本研究共设置 8 个主要类目，分别为：新闻类型（只针对新闻媒体）和内容分类（只针对脸谱及论坛）；对"一带一路"政策的整体评价；政治/公众人物；政府/机构/组织；覆盖区域；"一带一路"设计策略；合作重点或领域（对合作领域的态度；对合作重点或领域预计产生的效果或潜在问题）；建议。

　　通过运用大数据技术辅助网络挖掘与内容分析方法，利用机器学习和网络挖掘技术初步概览东南亚地区关于"一带一路"的新闻媒体及网络舆情社交媒体面貌，再以人工在线内容分析方法深度挖掘和解释各因素之间的关系。研究结果分别从事件发展趋势、焦点热词、支持度分析、议题综

---

① B. B. Berelson, "Content Analysis in Communication Research," *American Political Science Association* 46, No. 3 (1952): 869.

合分布和交叉分析几个部分呈现。

（一）"一带一路"政策的讲述主体

1. "一带一路"的国际影响力正在提升

从表4-1中可以看出，在317个对"一带一路"的报道样本中，按照报道年份可列为2013年至2017年，其中2016年和2017年做出的报道最多，分别占34.7%和35.6%。而且随着年份的推进，国际新旧主流媒体对"一带一路"的报道也逐渐增多。这体现出国际新旧主流媒体对"一带一路"关注度的持续增加。按照月份划分，国内外新旧媒体的报道主要集中在5月、4月和6月，分别占26.8%、9.8%和9.5%。而报道日期主要集中在周一和周四，均占报道总数的18.9%。在一定程度上，这意味着国内外新旧媒体在报道"一带一路"时具有特定的时间偏好，即相关报道集中于各年份的年中偏前时期和每周的开始与中间时段。这种规律性体现出国内外新旧媒体维持读者吸引力的策略，客观上也反映了国内外新旧媒体对"一带一路"相关事项的重视。因此，总体来说体现出"一带一路"不断增强的国际影响力。

表4-1　"一带一路"新闻播出时间分布

单位：篇，%

时间		报道量	百分比	有效百分比	累计百分比
年份	2013	2	0.6	0.6	0.6
	2014	17	5.4	5.4	6.0
	2015	75	23.7	23.7	29.7
	2016	110	34.7	34.7	64.4
	2017	113	35.6	35.6	100.0
月份	1月	24	7.6	7.6	7.6
	2月	18	5.7	5.7	13.3
	3月	29	9.1	9.1	22.4
	4月	31	9.8	9.8	32.2
	5月	85	26.8	26.8	59.0
	6月	30	9.5	9.5	68.5
	7月	15	4.7	4.7	73.2

时间		报道量	百分比	有效百分比	累计百分比
月份	8月	10	3.1	3.1	76.3
	9月	14	4.4	4.4	80.7
	10月	18	5.7	5.7	86.4
	11月	18	5.7	5.7	92.1
	12月	25	7.9	7.9	100.0
日期	星期一	60	18.9	18.9	18.9
	星期二	53	16.7	16.7	35.6
	星期三	50	15.8	15.8	51.4
	星期四	60	18.9	18.9	70.3
	星期五	43	13.6	13.6	83.9
	星期六	20	6.3	6.3	90.2
	星期日	31	9.8	9.8	100.0

2. "一带一路"报道的形式和层次呈现出多样化特征

在317篇对"一带一路"的报道中,采用新闻报道类型的有175篇,占比为55.2%,略多于占比为44.8%的评论类型,这表明国内外新旧媒体更侧重于表达"一带一路"的有关事实。

新闻报道来源方面,80.1%(254篇)的新闻报道来源于国内社交媒体平台,18.9%(60篇)来源于国外报纸,仅有0.9%(3篇)来源于推特(或者脸谱、优兔等)。

新闻报道位置方面,主要集中在新闻头版和新闻正文,分别占48.9%(155篇)和41.0%(130篇)。其次新闻简讯占9.5%(30篇),而新闻图片和新闻视频仅各占0.3%(各1篇)。至于新闻报道力度,99.1%(314篇)的报道有40字以上,仅有0.9%(3篇)的报道采用30—40字。

从内容原创性来看,大部分国内外新旧媒体注重新闻内容的原创性。其中,51.1%(162篇)的内容集中在新UGC(原创内容),16.1%(51篇)的内容是转载新闻,而兼有UGC和转载新闻的占比为32.8%(104篇)。

在新闻级别方面,以一般记者的评论为主,其占比为75.1%(238篇),其次为政府部门官员发言,占比为22.4%(71篇),而国家元首发言仅占2.5%(8篇)。这表明媒体仍然以民间为发声主力军,政府层面特别是国家立场的展现较少,但是这种局面并不利于"一带一路"具体实施过程中国家之间的协调、沟通和理解,也将在较大程度上减弱"一带一路"的影响力。这将是今后亟待改善的方面。

(二)"一带一路"政策的受众分析

报道的区域基本上集中在与中国交好的非英语国家中。报道国家方面,其他国家占比为80.1%,俄罗斯占比为15.8%,美国占比为1.6%(见表4-2)。这反映出报道"一带一路"的区域基本上集中在非英语国家,而且报道量也与国家关系成正比。如俄罗斯与中国关系好,报道量明显居多,印度则远非如此。而报道语言的情况也与报道国家呈大致对应关系。报道语言有79.8%(253篇)为其他语言,其次俄罗斯语占比为15.8%(50篇),英语占比为3.5%(11篇),法语占比仅为0.9%(3篇)。截至2017年,在印度、印尼等共建"一带一路"国家,其认知度达到40%及以上,在这些已认知的人群中,过半数的受众认可"一带一路"对全球经济具有积极意义。

表4-2 "一带一路"报道区域分析

单位:篇,%

国家	报道量	百分比	有效百分比	累计百分比
英国	2	0.6	0.6	0.6
美国	5	1.6	1.6	2.2
日本	1	0.3	0.3	2.5
法国	2	0.6	0.6	3.1
印度	2	0.6	0.6	3.7
德国	1	0.3	0.3	4.0
俄罗斯	50	15.8	15.8	19.8
其他	254	80.1	80.1	100.0
总计	317	100.0	100.0	

(三)"一带一路"的内容分析

"一带一路"报道主题侧重政治和经济,海外传统媒体和新媒体对合作重点或领域主要持中立/客观和完全支持的态度。从报道主题内容来看,在317篇对"一带一路"的报道中,主要涉及的是经济方面的内容,占比高达66.9%,其次政治政策占比17.0%,而安保筹备、开幕、会议安排、宣传等内容和环境内容仅各占 0.3%，具体见表 4-3。

表 4-3　"一带一路"新闻报道主题内容分析

单位：篇，%

	报道主题内容	报道量	百分比	有效百分比	累计百分比
有效	政治政策	54	17.0	17.0	17.0
	安保筹备、开幕、会议安排、宣传等内容	1	0.3	0.3	17.3
	环境内容	1	0.3	0.3	17.6
	经济内容	212	66.9	66.9	84.5
	人文内容	5	1.6	1.6	86.1
	政府组织民间活动	9	2.8	2.8	88.9
	人物访谈、观点讲述	14	4.4	4.4	93.3
	其他内容	21	6.6	6.6	100.0
	总计	317	100.0	100.0	

从报道框架来看，采用主体性框架（开幕这种大标题的内容，不包含具体内容）的报道略多于采用情节性框架（类似于会议这些细节性内容报道）的报道，分别占比 57.1% 和 42.9%。同时，这些报道中有 67.2% 的报道采用经济框架，其次有 23.7% 的报道采用政治框架，而采取人文社会框架的报道相对较少，仅占比 2.5%（见表 4-4）。

表 4-4　"一带一路"新闻报道框架分析

单位：篇，%

	报道框架	报道量	百分比	有效百分比	累计百分比
报道框架 A	主体性框架（开幕这种大标题的内容，不包含具体内容）	181	57.1	57.1	57.1
	情节性框架（细节性报道内容）	136	42.9	42.9	100.0
	总计	317	100.0	100.0	
报道框架 B	政治框架	75	23.7	23.7	23.7
	经济框架	213	67.2	67.2	90.9
	人文社会框架	8	2.5	2.5	93.4
	其他	21	6.6	6.6	100.0
	总计	317	100.0	100.0	

从关注的重点领域来看，317 个对"一带一路"进行报道的样本（部分样本包含多个关注领域），重点关注的是交通基建、商贸合作、其他（开放项）和专业法政策沟通等方面，分别占比 23.8%、17.8%、12.0%和10.7%。而环保合作、农业/农产品合作和航空仅仅各占 0.2%，具体见表 4-5。

表 4-5　"一带一路"关注的重点领域分析

单位：篇，%

关注的重点领域	报道量	百分比	有效百分比	累计百分比
文化交流合作	19	3.6	3.6	3.6
教育合作	3	0.6	0.6	4.2
航空	1	0.2	0.2	4.4
物流会展	56	10.5	10.5	14.9
专业政策沟通	57	10.7	10.7	25.6
商贸合作	95	17.8	17.8	43.4
亚投行	26	4.9	4.9	48.3
其他（开放项）	64	12.0	12.0	60.3
资金融通，监管合作	54	10.1	10.1	70.4
交通基建	127	23.8	23.8	94.2
能源建设	8	1.5	1.5	95.7
旅游合作	4	0.7	0.7	96.4
农业/农产品合作	1	0.2	0.2	96.6
信息合作	17	3.2	3.2	99.8
环保合作	1	0.2	0.2	100.0
总计	533	100.0	100.0	

（四）"一带一路"倡议国家传播策略分析

1. 对"一带一路"的整体态度

对"一带一路"倡议的整体评价方面，主要持中立/客观和完全支持这两种评价，分别占比 38.2%和 33.8%。其次是有条件支持，占比 15.8%。然而有条件不支持、完全不支持和无法判断的分别占比 7.3%、2.2%和 2.8%，具体见图 4-1。建议（展望）方面，选择"其他（开放项）"的占比 74.1%（235 篇），其次选择"加强全面民间参与"的占比 21.8%（69 篇），而

"'一带一路'制度待完善"仅占 4.1%（13 篇）。

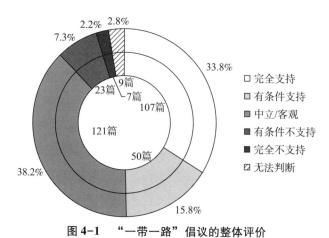

图 4-1　"一带一路"倡议的整体评价

注：内圈为篇数，外圈为百分比。

新闻态度与语气中，绝大多数报道采取正面和中立态度，分别占比
47.3%（150 篇）和 45.1%（143 篇），负面态度的仅占 7.6%（24 篇）。
报道次数方面，99.1%（314 篇）报道了 4 次及以上，仅有 0.9%（3 篇）
为 3 次。

2. 对"一带一路"报道态度的影响因素分析

（1）新闻级别

经过相关性分析可知，新闻级别与新闻态度语气的相关性在于新闻级别
越高即新闻中出现政府官员和国家元首发言时，则无论新旧媒体均更有可能
采用正面或中立的态度，而且这种因素对新媒体（推特）的影响更大。

在传统媒体的报道样本中，新闻级别对新闻态度语气会产生 12.7% 的
正向影响。在新媒体（推特）的报道样本中，新闻级别对新闻态度语气正
向产生 13.6% 的影响。这表示在传统媒体和新媒体（推特）中，当新闻级
别更高，也就是当新闻级别为国家元首发言和政府部门官员发言时，其均
更有可能采用正面以及中立的态度语气。其中对新媒体（推特）的报道态
度语气的影响程度更大。

（2）报道主要内容

经过对新闻报道主要内容与新闻态度语气的相关性分析，可发现新闻
报道内容对新旧媒体的报道态度产生显著影响，而传统媒体在相同内容下

会受到更大程度的影响。

在传统媒体的报道样本中，新闻报道主要内容对新闻态度语气会正向产生 14.2% 的影响。在新媒体（推特）的报道样本中，新闻报道主要内容对新闻态度语气会正向产生 11.3% 的影响。这表示对于传统媒体和新媒体（推特），新闻报道主要内容对新闻态度语气均有显著影响。其中对传统媒体的报道态度语气的影响程度更大。

（3）报道框架

在报道框架 B（即采用政治、经济、人文社科等框架）与新闻态度语气的相关性分析中，我们可以发现当报道框架 B 采用政治框架和经济框架时，传统媒体更可能保持正面或中立态度，但这对新媒体（推特）没有影响。

在传统媒体的报道样本中，报道框架 B 对新闻态度语气会正向产生 16.7% 的影响。这表示当报道框架 B 采用政治框架和经济框架时，传统媒体更有可能持正面以及中立态度。而在新媒体（推特）的报道样本中，报道框架 B 对新闻态度语气没有显著影响。

（4）新闻类型

经过对新闻类型与新闻态度语气的相关性分析，可知新闻类型对英语地区新闻的报道态度没有影响，而对非英语地区新闻有正向影响。

在英语的报道样本中，新闻类型对新闻态度语气没有显著影响。而在非英语的报道样本中，新闻类型对新闻态度语气会正向产生 11.7% 的影响。这表示当报道内容为新闻时，媒体更有可能持正面以及中立态度。

（5）地区因素

通过对"一带一路"倡议的整体评价与新闻态度语气的相关性分析，可知非英语的报道会对新闻态度语气产生正向影响，而英语报道则不会产生任何影响。

在英语地区的报道样本中，对"一带一路"倡议的整体评价对于新闻态度语气没有显著影响。而在非英语地区的报道样本中，对"一带一路"倡议的整体评价对于新闻态度语气会正向产生 36.1% 的影响。这表示当对"一带一路"倡议的整体评价为完全支持和有条件支持时，媒体更有可能持正面以及中立态度。

（6）合作重点或领域因素

在对合作重点或领域的态度与新闻态度语气的相关性分析中，英语地区报道中对合作重点或领域的态度对于新闻态度语气没有显著影响，而其在非英语地区报道中则会产生较大的正面影响。在非英语地区的报道样本中，对合作重点或领域的态度对于新闻态度语气会产生 37.9% 的正向影响。这表示当非英语地区对合作重点或领域的态度为正面或中立时，媒体更有可能持正面以及中立态度。

第三节 提升"一带一路"国际影响力的政策建议

从总体来看，共建"一带一路"国家态度较为积极，舆论环境有利于"一带一路"倡议的推进。大约 92.4% 的媒体对"一带一路"倡议持正面或中立的态度，而持负面态度的比例仅为 7.6%。但今后可以在四个方面对增强"一带一路"国际影响力作出进一步的完善。首先，可针对媒体关注的重点领域积极开展互利共赢协作；其次，可针对不同媒体的特点，实施灵活机动的对外宣传策略；再次，可针对当今新闻传播介质的结构，完善适应当代信息传播特点的通道；最后，针对共建"一带一路"国家政府官员和元首，通过形成正面且广泛的宣传效应，在政府和民间共同推动"一带一路"倡议的更快更好实施。四个方面可形成合力，共同增强"一带一路"的国际影响力。

一 针对媒体关注的重点领域：努力围绕舆论关注焦点积极开展互利共赢合作

广大国际新旧媒体关注的主要内容是交通基建、商贸合作以及资金融通，监管合作等方面，这三大领域的报道比例已超半数，达到 51.7%。因此，在实际操作过程中，可密切围绕共建"一带一路"国家在这些方面的利益关切，通过务实、真诚、开放、稳定的双边合作机制，积极打造互通互信、互利共赢的合作局面，为全面增强"一带一路"国际影响力打造坚实的合作基础。

二 针对不同媒体的特点：实施灵活机动的对外宣传策略

在上文对"一带一路"新闻态度和语气的影响因素分析中，可以发现英语报道和非英语报道、新媒体（推特）和传统媒体在同一因素影响下呈现不同的影响效果，因此可以针对它们各自的特点，制定出各自适用的对外宣传策略。首先，针对非英语报道易受新闻级别影响的特点，可以大力提高相关新闻的级别；针对英语报道客观务实的特点，可以尽力拿出充实、有力的相关报道；针对新媒体（推特）对新闻内容和新闻级别敏感的特点，可争取提升新闻内容质量和新闻级别；针对传统媒体受新闻级别、新闻内容、新闻框架影响较大的特点，可投其所好，释放出让传统媒体兴奋的新闻素材，从而全方位打造灵活、机动、有效的对外宣传策略。

三 针对当今新闻传播介质的结构：完善适应当代信息传播特点的通道

转变观念还要实现国家形象构建由"政府独立向外"主义向"传播主体多元化"的转变。政府是一个国家的政治代表，政府通过外交活动，及时、准确地向外界发布本国信息，进行国家之间的信息交流、双边和多边联系，是塑造国家形象的主要执行者。但这并不意味着政府是传播国家形象的唯一力量，传播的媒介有很多，不能仅仅局限于政府。普通民众都可以通过不同的方式参与到有效的传播之中，比如由中国普通人士制作的DV、"非典"期间由来华旅行者回国讲述的亲身经历，其直接性和可信度都超过了若干"官方"渠道的信息，更易于让其他国家的受众接受。因此，要想使我国的信息有力、有理、有效地传播出去，就必须改变国家形象构建"政府独立向外"的观念，充分依靠专门机构、专家等社会力量的广泛参与和创造力，让更多人参与到国际传播体系之中。

四 针对相关国家政府官员和元首：形成正面且广泛的宣传效应

首先，需要加强政府层面特别是国家元首之间的沟通和协调，这不仅有利于在重点合作领域达成共识，也利于有关媒体形成正面的宣传效应。其中，关键点是把握双方合作对话的共同基础，尽力在大的合作框架下减少分歧，协调好国家间的利益关系，从而以最小的摩擦和隔阂达成最坚实、最可靠的合作基础，也为形成良好的舆论环境创造条件。

其次，在上述基础上加强对合作重点或领域的宣传，特别是利用新媒体、传统媒体和非英语媒体在新闻级别高的情况下倾向于形成正面态度和语气的特点，积极提升具体合作事项在普通民众中的熟知度和认同度。最终构建包含国家间的信任合作和民众间的支持理解的双重协作动力机制，从而在推动"一带一路"倡议更快更好实施的同时，更强有力地扩散其国际影响力。

五 利用全球性媒介事件建构国家形象

媒介事件指对媒介受众来说是策划的、带有一定的表演性质和象征意义的活动。它包括大型运动会、和平协定签字仪式、历史事件的纪念活动、王室的婚典以及其他。全球性媒介事件是一种独特的外交行为，因为这些活动不仅涉及各国政府，而且涉及全球公众。丹尼尔·戴扬和伊莱休·卡茨在《媒介事件：历史的现场直播》一书中将媒介事件定义为"对节目的选择性收看，即那些关于令国人乃至世人屏息驻足的电视直播的历史事件"。媒介事件的效果被他们分为对参与者的内部效果和对机构的外部效果两个层面，其中对参与者的内部效果包括对组织者和主演者的效果、对记者和播出组织的效果、对观众的效果三个方面；对机构的外部效果包括公众舆论、政治机构、外交、家庭、闲暇、宗教、大众仪式和集体记忆八个方面。具体来说，媒介事件具有如下作用：首先，媒介事件通过媒体舆论和新闻传播来影响主办国的国家形象；其次，以文化表演和大众仪式为主的全球性媒介事件令全球瞩目，占据着全世界观众的视线和时间，在事前筹备到事件完成这段时间内，在一定程度上改变着人与人、国与国之间的关系，为全世界人民提供了一个"强制和机械"的团结契机；最后，在媒介事件的发展过程中，媒介事件的组织者将受到国际社会大众的重点关注，也就是将一国摆在了国际社会的焦点位置，有利于向国际大众展示自我。

利用媒介事件建构国家形象，体现了媒介的综合策划和议程设置等多项功能。曼海姆指出，如果一个国家要在世界舞台上谋求赞赏和正面的形象，就必须设法主办全球性媒介事件。只要这个事件能够牢牢地吸引住全世界的目光，它就有助于国家形象的提高。在国际传播体系中，越来越多的国家都认识到了媒介事件对于建构国家形象的重要性，他们通常会选取外国政府以及国际受众都感兴趣的新闻进行报道，将其主观意识和政治立场融入新闻信息之中，并且采取让国际社会容易接受的方式进行传播，以此来塑造其理想中的国家形象。从 1997 年起，香港回归、三峡工程、澳门回归、迎接新千年、神舟七号升天、中国人第一次太空行走等事件均成为全球关注的话题，这些事件之所以引起世界关注，是因为其超越人类极限、超越种族观念、实现人类共同梦想的特点。历年的人大、政协两会也对关注中国问题的领导人、专家学者及普通人具有跨越国界的吸引力，从而形成国际舆论的一大焦点。中国举办的 2008 年北京奥运会和 2010 年上海世博会，也都是全球性媒介事件，得到了中外新闻界的广泛关注。对外传播媒体应该抓住类似的机遇，做好前期策划，加大信息的投放量，全方位、多角度、有深度地分析事件的前因后果，充分展示中国人民为维护国家的安定团结和实现繁荣富强而不懈奋斗的形象，向世界说明我国改革开放取得的巨大成就，从而树立良好的媒介形象并最终赢得较大的国际威望。

第五章　全球经济类会议对国家形象传播的影响

本章主要以 G20 峰会和金砖会议为样本分析对象，分析中国与全球化同频共振以来，这两个世界级经济会议的举办在国际舆论场取得的形象传播效果。对典型经济会议实践进行分析，以此来剖析经济全球化背景下全球经济类会议的举办对国家形象的影响，为讲好中国全球化故事提供叙事样本。

第一节　全球经济类会议媒体报道情况

一　G20 峰会国外媒体报道情况对比

（一）研究设计

本研究的样本是 2016 年 1 月 1 日—9 月 6 日所有关于 G20 杭州峰会的国外英语媒体内容。在样本的选取上，先以时间为标准分为会议筹备期和会议后段，其次区分新旧媒体。

本研究主要采用了内容分析法、数据分析法和框架研究法。为研究国外媒体对 G20 杭州峰会的报道情况，本研究设计了一套新闻报道研究指标体系。在播出时间、报道力度、报道结构、报道主题、报道语气态度 5 个一级指标下，又分别建构了二、三级指标（见表 5-1）。

表 5-1　新闻报道研究指标体系

一级指标	二级指标	三级指标
播出时间	播出年份	
	播出月份	

续表

一级指标	二级指标	三级指标
播出时间	播出日期	周一至周五
		周六至周日
报道力度	新闻报道版面位置	新闻正文
		新闻头版
		新闻简讯
		新闻图片
	新闻报道标题的准确文本字数	
报道结构	框架 A	主体性结构
		情节性结构
	框架 B	政治框架
		经济框架
		人文框架
		社会框架
报道主题	政治政策	
	筹备内容	
	环境内容	
	经济内容	
	人文内容	
	开幕内容	
	政府组织民间活动	
	民生内容	
	非政府组织活动	
	其他内容	
报道语气态度	正面	
	中立	
	负面	

在这个指标体系中，为研究报道力度，设计了新闻报道版面位置和新闻报道标题的准确文本字数两个指标。

为研究报道结构，设计了框架 A 即主体性结构（宏大主体）和情节性结构（有细节描述）两个指标以及框架 B 即政治框架、经济框架、人文框架、社会框架四个指标。

为研究信息内容，将信息主要内容细分为政治政策（国际及中国外交事务、国内行政政策和事务等）、筹备内容（场馆建设、安保措施等峰会筹备相关内容）、环境内容（环境保护相关内容）、经济内容（经济领域相关内容）、人文内容（文学艺术活动等相关内容）、开幕内容（峰会开幕准备情况、领导人出席信息等）、政府组织民间活动（政府组织的峰会相关活动）、民生内容（民生相关内容如道路交通管理、G20 旅游红包、峰会期间放假安排、食品安全等）、非政府组织活动（民间自发的峰会相关活动等）和其他内容（以上未涉及内容）10 项。

（二）G20 峰会筹备期外媒报道情况

在会议筹备期，本研究针对 1452 条样本信息，在报道力度、报道结构、报道语气态度三大板块上进行分析。

根据样本结果，发现包括美国《新闻周刊》《华尔街日报》《国际财经时报》，英国《卫报》、路透社，澳大利亚《悉尼先驱晨报》，俄罗斯国家通讯社，印度《快报》，非洲泛非通讯社等国外报业对杭州"G20 峰会"关注程度最高。在筹备期国外媒体对 G20 峰会的报道主要呈现以下特征。

1. 国外传统媒体报道角度多集中于 G20 峰会对本国经济影响，且随着会期临近对安保工作及空气污染的关注程度逐渐上升

在 100 个国外报纸样本中，76.0% 的报道围绕召开时间、地点等基本要素展开，采用类似 G20 峰会在杭州开幕的主体性结构，不包含具体细节。主要从对经济内容（32.0%）、政治政策（23.0%）和人文内容（21.0%）影响的角度进行报道。相对而言，报纸采用筹备内容（10.0%）、环境内容（7.0%）和民生内容（7.0%）等具有细节描述的情节性结构较少。

在报道力度，即其报道的版面位置、字数上，报道版面位置为新闻正文的比例最高，为 67.9%，其次为新闻图片（26.2%），新闻头版占比最低（5.9%）。

此外，通过将报道播出月份与报道内容进行交互分析，2 月经济内容报道占全月报道比重为 48.0%，以后依次递减为 24.0%、20.0%。但临近峰会召开时间，外媒对于人文内容和民生内容的关注度不断上升。

由此可见，国外报纸媒体对 G20 峰会报道的主要内容与时间节点有关，初期集中关注峰会可能带来的经济变化、成员国经济情况、国际金融市场情况等经济相关内容，临近峰会召开则对安保工作、空气污染等具体民生事宜进行聚焦报道。值得注意的是，外媒在筹备期间持续关注常规的峰会筹备情况，筹备内容报道类似于例行汇报，每月定期出现，报道频率平缓。

外媒报道态度呈中立的有 58.0%，积极正面的占 24.0%，而持负面态度的占 18.0%。基本与以往我国承办的诸如 APEC 等其他大规模国际活动情况相似，筹备期国外媒体报道持中立态度的占大多数。但此次峰会的国外媒体报道首次在筹备期正面态度比例超过了负面态度。其中正面报道多认为本次峰会对世界经济能够起到促进作用。

2. 国外新媒体网友相对于国外传统媒体更关注 G20 峰会所涉及的政治内容

在 1352 个国外新媒体信息样本中，网友发布内容主要集中在 2016 年 5 月、6 月和 7 月，分别占信息发布总数的 18.5%、21.4% 和 29.7%。由于峰会举办时间的临近，加之 7 月"南海仲裁案"等热门事件的影响，国外新媒体上网友讨论情况热烈。消息发布日期集中在周一至周五的占 78.6%，周六周日时段的信息发布占比为 21.4%。即使这样，社交媒体在周末时段消息出现率比传统报纸媒体要高。

76.3% 的网友发布的信息在框架上采用缺乏细节描述的主体性结构。同时从国外网友发布的信息内容看，政治政策占比最高（52.1%），之后依次为筹备内容（26.1%）、经济内容（14.3%）、人文内容（7.5%）。

在 1352 个国外新媒体样本中，信息发布内容呈现正面态度的有 72.3%，为绝大多数，中立态度的占 23.2%，而持负面态度的最少，占比为 4.5%。

对于 G20 峰会话题，国外新媒体持正面态度的比例远高于国外传统媒体。究其原因，近一两年我国中央级媒体，比如人民日报的侠客岛，以及国企在海外社交平台上纷纷开设账号，形成传播矩阵，影响力与日俱增，已经成为我国占据国际话语阵地、讲述好中国故事的中坚力量。此次它们也为峰会造势添砖加瓦。

国外新媒体对 G20 峰会持负面态度的信息主要集中在质疑峰会期间关闭教堂等宗教场所、短暂性关闭工厂、对峰会异议者进行严惩、对进出口产生不利影响等。

3. 在南海问题发生前后，国外报纸和国外新媒体在信息发布的态度和语气方面均尚未产生显著改变

2016 年 7 月 11 日，南海领域争端又起，为了监测国外媒体对南海问题的报道导向，笔者特意选取了国外报纸和国外新媒体报道中 5 月和 7 月的数据进行比较研究，来探究国外媒体（包括国外传统媒体和国外新媒体）在 G20 峰会期间的报道内容和方向，是否因为南海问题而产生变化。

经过分析，国外报纸和国外新媒体在南海问题发生前后的新闻态度与语气均没有产生显著差异。但是，国外报纸和国外新媒体在南海问题发生前后的信息发布角度产生了一定偏差。在南海问题发生后国外传统媒体报道中涉及气候、安保的话题增多，而国外新媒体恰恰相反，由以往气候、安保等人文话题转为更多经济话题，例如中国是否支持英国脱欧从而对世界经济产生影响等。

（三）G20 峰会后段的外媒传播情况

在此阶段，重点考察了峰会开始前（8 月 5—24 日）和峰会结束后（9 月 2—7 日），针对 1390 条样本信息，分析结果如下。

1. 国外传统媒体对 G20 峰会正面报道数量大幅上升，关注重点为政治政策报道，正面态度占比最高为人文内容

后半段新增例如加拿大广播公司、俄罗斯卫星新闻网、埃及《每日新闻报》等传统媒体集中报道。值得注意的是，印度媒体对此次峰会也表现出很大兴趣，《印度时报》《印度教徒报》《印度快报》等多家印度媒体在峰会准备的后半段进行了报道。

在从 8 月 6 日至 9 月 6 日会议顺利召开和后期评价阶段，180 条样本报纸新闻，发布时间主要集中在会议召开前后，9 月发布的占比为 75.0%。消息发布日期集中在周一至周五的占 63.3%，周六周日时段的信息发布占比为 36.7%。周末档的单日报道比重超过工作日档日均报道比重近 6 个百分点，比筹备期的周末关注度提升了近 6 个百分点。

74.4% 的报道在框架上采用缺乏细节描述的主体性结构，没有太多的

具体细节。同时从后期外媒报道内容看，政治政策占比最高（43.9%），其次为经济内容（23.9%），其后依次为开幕内容（9.4%）、环境内容（7.8%）、人文内容（5.6%）、筹备内容（5.6%）、民间活动（2.2%）和民生内容（1.7%）。

其中持正面态度的报道占53.3%（前期为24.0%），持中立态度的报道有42.2%（前期为58.0%），而持负面态度的报道为4.4%（前期为18.0%）。和前期相比，持正面态度的比例大幅提升，持负面态度的比例大幅下降。

通过分析发现，在不同的报道内容上，国外报纸媒体的态度差异明显。在政治内容报道中，正面态度的占38.0%，中立态度的占55.7%，负面态度的占6.3%。可看出国外传统媒体对于本次峰会持肯定态度。

在有关经济内容报道中，正面态度的占60.5%，中立态度的占39.5%。对于本次杭州峰会，国外媒体还是比较期待中国这个最大发展中国家能给世界经济注入新的活力。

在开幕内容报道中，正面态度的占64.7%、中立态度的占35.3%。国外传统媒体对杭州的会议准备工作和人员安排等持较高评价。关于环境内容，正面态度的占71.4%，中立态度的占21.4%，负面态度的占7.1%。中美两国在峰会前同时向联合国提交《巴黎协议》的签署协议让全世界看到了减缓气候问题的希望，世界也对中国在此中的努力给予了较高评价，其中一些负面报道则来自对于中国环境现实情况和环境问题具体解决措施的担忧。关于筹备内容，正面态度的占60.0%，中立态度的占40.0%。关于人文内容，正面态度的占90%，中立态度的占10%。人文内容是这几大内容中正面态度比例最高的，国外媒体主要对印象杭州的主题晚会进行了较多正面报道，对晚会的艺术效果和人文内涵给予高度赞扬。对于民生内容，持正负面态度的各占33.3%。

2. 国外新媒体网友相对于国外传统媒体更关注 G20 峰会包含的民生内容

国外新媒体样本共1210个，其中8月的占73.3%，9月的占26.7%。位于工作日档的占77.6%，周末档的占22.4%。国外网友更多在周一至周五的工作日档上新媒体发布峰会相关信息。

关注细节性问题的比例相比筹备期有所提高，从筹备期的 23.7% 上升到后段的 46.3%。同时从后期国外新媒体内容看，政治政策占比最高（39.2%），其次为经济内容（18.0%），其后依次为开幕内容（12.5%）、民生内容（9.0%）、人文内容（7.1%）、筹备内容（6.7%）、环境内容（3.9%）和民间活动（3.5%）。其中民生内容相比传统媒体关注度更高。

其中持正面报道态度的占 44.7%（筹备期为 72.3%），中立态度的报道占 41.6%（筹备期为 23.2%），而持负面报道态度的占 13.7%（筹备期为 4.5%）。对比筹备期，这个阶段国外网友正面态度占比有所下降，中立态度和负面态度的占比有所上升。

通过分析发现，在不同的内容上，网友的态度差异明显。国外网友在政治政策上持正面态度的占 31.0%、中立态度的占 49.0%、负面态度的占 20.0%。在政治内容上，国外网友的负面态度所占比例较高，甚至超过了国外传统媒体。批评多集中于美国总统奥巴马的"机场事件"上。国外网友认为本次峰会上美国被中方冷淡对待，因而表达对中国的不满。此外，部分国外网友认为中国在峰会上故意回避南海问题，不愿提及。而西方传统的用来攻击中国政府的话题，依旧被境外网友所使用。

在经济内容上，持正面态度的占 67.4%，持中立态度的占 30.4%，持负面态度的占 2.2%。国外网友总体对于本次峰会的相关内容表示了肯定，认为可以给当前低迷的经济形势带来振奋作用。一部分负面态度主要是认为中国在世界经济振兴中发挥的作用都还不够。

在环境内容上，网友态度正面的占 70.0%，中立的占 30.0%。网友总体对于峰会在此问题上的努力表示赞扬。而在人文内容上，态度正面的比重为全部内容中最高的，达 83.3%，中立的占 16.7%。网友对杭州的魅力景致、文艺表演、相关的艺术展览等都予以肯定。

此外，在开幕内容上，态度正面的占 43.8%，中立的占 46.9%，负面的占 9.4%。在筹备内容上，正面态度的占 58.8%，中立态度的占 41.2%。基本持一个比较客观的态度。

在民生内容上，态度正面的占 4.3%，中立的占 60.9%，负面的占 34.8%。在民间活动上，态度正面的占 55.6%，中立的占 11.1%，负面的占 33.3%。这两项负面内容主要集中在政府关闭宗教场所、关停工厂、太过严格的安保检查、严格管控网络通道等。

二 G20峰会国内媒体的宣传报道情况对比

(一)浙江省外媒体宣传报道情况

1. 浙江省外新媒体上的评价较为中立客观

在研究的116个省外新媒体样本中,全部报道都是2016年1—8月做出。报道时间主要集中在2016年2月和8月,分别占报道总数的12.1%和69.0%。报道的播出日期集中在周一至周五档,周六周日时段的报道占比较小。

报道主题主要集中在人文内容、筹备内容和民生内容这三个方面,占比分别为19.8%、19.0%和16.4%。相对而言,关于环境内容、开幕内容和政府组织民间活动的较少,占比分别为7.8%、2.6%和0.9%。由于微博、微信等网络平台具有自媒体传播特性,网友更愿意在上面讨论和分享与自己生活相关的讯息。样本中占比最高的三个方面总计占比超过一半,传播内容主要是贴近民生的相关讯息。

从报道框架看,其多采用情节性结构,占比为92.2%。这也表明新媒体传播更关注细节。

报道内容持中立态度的有51.7%,为大多数。持正面态度的占44.8%,而持负面态度的最少,占比为3.4%

2. 省外传统媒体主动学习"杭州经验",报道态度正面比例最高

在264个省外报纸样本中,98.1%的报道都是2016年1—8月做出的。报道时间主要集中在2016年3月和5月,分别占报道总数的20.1%和17.0%。报道的发表日期集中在周一至周五档,占比为84.1%,周六周日时段的报道占比为15.9%。报道绝大多数采用了新闻正文的形式,占比为82.6%。新闻头版和新闻简讯占比分别为17.0%和0.4%。在新闻报道标题的准确文本字数方面,在省外报纸对于G20峰会的新闻报道中,71.2%的报道标题集中在10—20字。采用10字以内和20—30字标题的新闻报道占比分别为15.5%和13.3%。外省纸媒的G20峰会主题报道主要是长线型的筹备情况,对杭州及相关地区自2015年底开始的各项准备情况进行报道,随着会议时间的接近,报道频率也有所上升。

省外报纸媒体的报道主题主要集中在筹备内容、人文内容和民生内容这三个方面，占比分别为 35.1%、17.6% 和 14.5%。相对而言，关于政治政策、开幕内容和非政府组织活动的较少，占比分别为 5.3%、1.5% 和 0.8%。省外报纸媒体较为关注 G20 峰会的相关安保工作，多进行全方位长时段的报道。此外，由于"G20 峰会"的性质，各类媒体的报道也多会从经济角度入手，且相对比较专业。由于本次峰会在中国相对发达的地区举办，且具有跨时代意义，省外报纸媒体的报道态势较为积极。对杭州的会议筹备长期专题式报道、对杭州城市建设情况的总结和对民生内容的关注也是为了借此机会进一步学习国际性大会的举办经验。在样本中也可见，264 个省外报纸样本中，报道内容持正面态度的有 89.4%，中立态度的有 9.8%，而持负面态度的最少，占比为 0.8%。这也是各个样本中持正面态度比例最高的。省外媒体在报道学习"杭州经验"的过程中对其给出了一个极高的评价。

（二）浙江省媒体的宣传情况分析

1. 浙江省新媒体平台更多关注与日常生活有关的信息

在 131 个省内新媒体样本中，全部报道都是 2016 年 1—8 月做出的。报道时间主要集中在 2016 年 1 月和 8 月，分别占报道总数的 13.0% 和 65.6%，体现了新媒体"热门新闻集中报道"的特点。报道的播出日期集中在周一至周五档，周六周日时段的报道占比较小。

关于 G20 峰会的报道主题主要集中在筹备内容、人文内容和民生内容这三个方面，占比分别为 35.1%、17.6% 和 14.5%，总计 67.2%。相对而言，关于政治政策、开幕内容和非政府组织活动的较少，占比分别为 5.3%、1.5% 和 0.8%。

在报道框架上采用社会框架和人文框架，占比分别为 35.1% 和 29.0%，总计 64.1%。之后是占比为 24.4% 的经济框架。采取政治框架的相对较少，占比为 11.5%。具体到单个样本研究可以发现，省内新媒体平台上展示了网友对 G20 峰会的热切关注，大家争相讨论 G20 峰会与自己的切实关系。网友对信息的需求不单包括了解峰会的基本内容，也包括了解其对本身、本地区、本国的实际影响等。网友通过微博、微信、论坛等新媒体平台关心峰会的具体事宜，例如 G20 峰会安保工作、G20 旅游红包、

G20 相关活动等。这些内容都和百姓生活息息相关。安保工作的讯息主要涉及交通管制、公共场所安检、快递检查、停工停产、安保执勤、志愿巡逻等；G20 旅游红包的信息在新媒体上也传播较多，主要包括 G20 峰会期间杭州的放假问题、对期间出游的补助方式、其他地区提供的会议期间低价旅游政策等；关于 G20 峰会相关活动的报道多关注老百姓比较感兴趣的话题，例如 G20 峰会 LOGO 产生过程、杭州备战 G20 的照片、民间迎接 G20 的文艺活动等。

在 131 个省内新媒体样本中，报道内容持中立态度的有 53.4%，为大多数。持正面态度的占 42.0%，而持负面态度的最少，占比为 4.6%。中立态度多于正面态度，原因在于新媒体的私人性，网友倾向于表达自己更真实的态度，而不仅仅是片面地对一个事物发表看法，较多网友会比较客观地对 G20 峰会进行评价。

2. 浙江省内传统媒体在峰会宣传工作中起重要作用

本节在研究初期统计了 2016 年 1—6 月传统媒体中占比最大的报纸这一传播媒体对 G20 峰会的报道情况，并持续对此进行关注。上半年，国内有超过 300 家报业媒体对 G20 峰会进行报道，总计近 1.4 万次。其中报道数量最多的六家报纸分别为：《杭州日报》（1605 次）、《萧山日报》（1468 次）、《钱江晚报》（1268 次）、《浙江日报》（986 次）、《都市快报》（911 次）、《青年时报》（697 次），全部为浙江省本土报纸。

在电视报道方面，除开省级媒体，浙江省下属地级市电视台在 1—7 月总计进行了 1000 余次报道。

在 605 个浙江省内报纸样本中，全部报道都是 2016 年 1—6 月做出的。从总体上看，国内报业媒体对 G20 峰会的报道随会议时间临近而呈上升趋势。从时间节点上看，3 月及 5 月的报道量较大，原因在于分别有效利用了 3 月的两会召开和 5 月的"峰会百日倒计时"作为宣传亮点，集中高效地对 G20 峰会进行了媒体宣传。

样本中关于 G20 峰会的报道版面位置主要集中在新闻正文，占比为 84.5%，剩下的 15.4% 和 0.2% 分别采用了新闻头版和新闻图片的形式。而在新闻报道标题的准确文本字数方面，有 63.5% 的报道标题集中在 10—20 字。10 字以内和 20—30 字标题的新闻报道分别占比 27.6% 和 8.9%。

在 605 个浙江省内报纸样本中，"报道主题"这一项的离散程度较大，说明新闻报道主题的涵盖面相对较广，各主题均有涉及。偏度为 0.606，大于 0，呈现出右偏态，说明新闻报道主题集中在筹备内容、人文内容和政治政策这三个方面，分别占比 23.3%、22.0% 和 18.8%，总计 64.1%。相对而言，关于非政府组织活动、经济内容和政府组织民间活动的较少，占比分别为 7.8%、5.6% 和 3.8%。作为本土报纸，报道主要围绕经济发展、峰会筹备、市政建设、文明城市建设、安保工作、杭州城市宣传等方面展开，对 G20 峰会进行了全方位多角度、多级联动的宣传。其中，杭州周边地市如湖州、嘉兴等主要从文明城市建设、护航 G20 等角度配合 G20 峰会宣传；杭州各区如萧山、拱墅等主要从安保工作、道路交通建设、食品安全、环境保护等与峰会密切相关的话题切入进行报道；其他地市如丽水、台州等则利用峰会机遇进行地方经济建设并积极开展宣传以促进当地旅游产业发展。

在 605 个浙江省内报纸样本中，报道内容呈现正面态度的报道有 86.4%，为绝大多数。持中立态度的占 13.2%，而持负面态度的最少，占 0.3%。浙江省作为峰会的承办地，省内传统媒体也在一定程度上担负着峰会的宣传和地区城市形象维护的工作，因此这样的报道态势较好地完成了宣传使命。

三　金砖会议国际媒体报道情况

（一）国际媒体报道主体

在 629 个推特有效报道样本中，消息来源主要集中在"国外社交媒体平台（脸谱、优兔等）"和"国外网站"，占比分别为 87.6% 和 11.8%。而来源于"国内政府新闻网站（如浙江在线）"和"国外报纸"的推特报道较少，占比分别仅为 0.5% 和 0.2%（见图 5-1）。

在 134 个传统媒体有效报道样本中，消息来源主要集中在"国外网站"和"国内政府新闻网站（如浙江在线）"，占比分别为 75.4% 和 22.4%。而来源于"国内社交媒体平台（微信、微博等）"和"国内商业新闻网（如腾讯大浙网、凤凰网、新浪、搜狐）"的传统媒体报道较少，仅分别占 1.5% 和 0.7%（见图 5-2）。

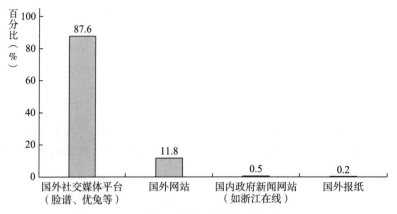

图 5-1　推特有效报道样本消息来源

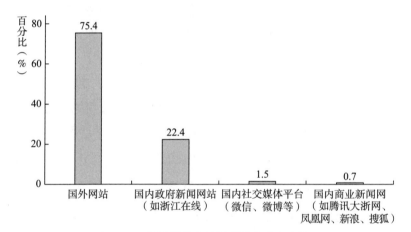

图 5-2　传统媒体有效报道样本消息来源

（二）国际媒体报道对象

1. 涉及的主体

在 629 个推特有效报道样本中，报道涉及的国家主要集中在"印度"、"俄罗斯"和"巴基斯坦"，占比分别为 47.2%、14.7% 和 2.6%。而涉及"英"、"法"和"日"的仅各占 0.3%、0.3% 和 0.1%（见图 5-3）。

在 134 个传统媒体有效报道样本中，报道涉及的国家主要集中在"印度"、"美"和"俄罗斯"，占比分别为 34.3%、15.2% 和 14.0%。而涉及"德"和"日"的仅各占 1.7% 和 0.6%（见图 5-4）。

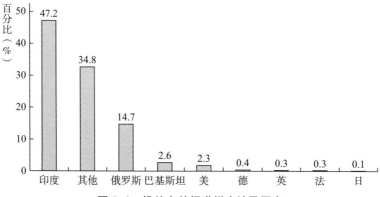

图 5-3　推特有效报道样本涉及国家

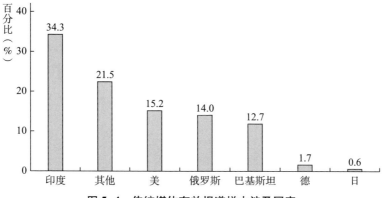

图 5-4　传统媒体有效报道样本涉及国家

2. 新闻级别

在 629 个推特有效报道样本中，新闻级别主要集中在"记者评论"和"国家元首发言"，占比分别为 71.2% 和 14.8%。而来源于"相关行业从业人员发言"和"政府部门官员发言"的推特报道较少，仅分别占 11.9% 和 2.1%（见图 5-5）。

在 134 个传统媒体有效报道样本中，新闻级别主要集中在"记者评论"和"政府部门官员发言"，占比分别为 44.8% 和 26.9%。而来源于"相关行业从业人员发言"和"国家元首发言"的报道较少，仅分别占 16.4% 和 11.9%（见图 5-6）。

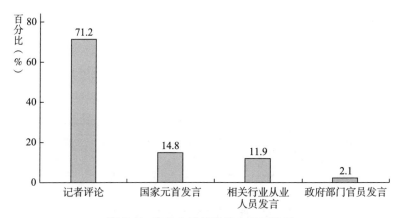

图 5-5　推特有效报道样本新闻级别

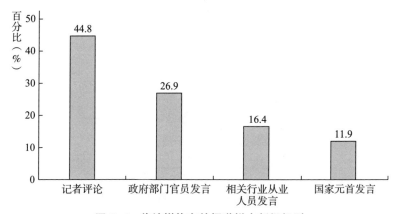

图 5-6　传统媒体有效报道样本新闻级别

3. 两大舆论场（平台）对金砖会议态度的关系分析

在 629 个推特有效报道样本中，态度主要集中在"中立"和"支持"这两项，占比分别为 46.9% 和 45.3%。而持"不支持"态度的推特报道较少，仅占 7.8%（见图 5-7）。

在 134 个传统媒体有效报道样本中，态度主要集中在"支持"，占比为 45.5%。而持"中立"和"不支持"态度的报道较少，仅分别占 30.6% 和 23.9%（见图 5-8）。

4. 报道涉及国家与报道态度的相关性

在报道涉及国家与报道态度的相关性分析中，零假设 H0 为两总体均值之间不存在显著差异，也就是说，对于金砖会议的报道态度不受报道涉

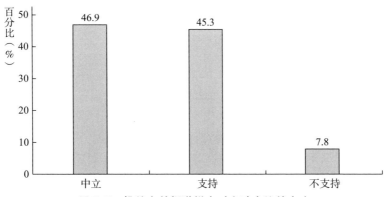

图 5-7　推特有效报道样本对金砖会议的态度

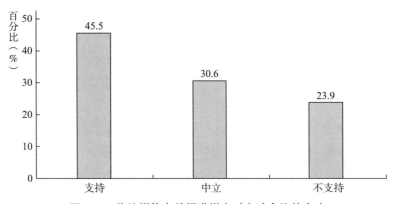

图 5-8　传统媒体有效报道样本对金砖会议的态度

及国家的影响。

根据同质性检验可知，F 值检验中，推特样本和传统媒体样本的显著性 sig 值均小于 0.05 显著性水平，表示两个组别群体变异数不相等，故认为总体方差不相等。原假设不成立，即不同分组之间异质，存在显著差异（见表 5-2、5-3）。

表 5-2　推特报道中的相关性分析

		推特报道态度	推特报道中涉及国家
推特报道态度	皮尔逊相关系数	1	.277 **
	显著性双尾		0
	个案数	629	629

续表

		推特报道态度	推特报道中涉及国家
推特报道中涉及国家	皮尔逊相关系数	.277 **	1
	显著性双尾	0	
	个案数	629	795

注: *** 表示 $p<0.001$; ** 表示 $p<0.01$; * 表示 $p<0.05$。

表5-3　传统媒体报道中的相关性分析

		传统媒体报道态度	传统媒体报道涉及国家
传统媒体报道态度	皮尔逊相关系数	1	-.230 **
	显著性双尾		0.008
	个案数	134	134
传统媒体报道涉及国家	皮尔逊相关系数	-.230 **	1
	显著性双尾	0.008	
	个案数	134	178

注: *** 表示 $p<0.001$; ** 表示 $p<0.01$; * 表示 $p<0.05$。

所以，推特和传统媒体的报道样本中，新闻报道涉及国家均对新闻态度语气有显著影响。在推特的报道样本中，皮尔逊相关系数为 0.277，说明新闻报道涉及国家对新闻态度语气会产生 27.7% 的影响。这表示当报道涉及英、美、日、法等国时，更有可能持正面以及中立态度。而在传统媒体的报道样本中，皮尔逊相关系数为-0.230，说明新闻报道涉及国家对新闻态度语气会反向产生 23.0% 的影响。这表示当报道涉及俄罗斯、巴基斯坦、加纳等国时，更有可能持正面以及中立态度。

第二节　世界级经济类会议的国际传播效果和特点

一　国际社会普遍对 G20 杭州峰会持肯定态度

（一）G20杭州峰会的国际传播热度高并在正面倾向态度上取得重要突破

衡量一次重大活动的传播效果，最主要的是两方面，一是关注度，二是内容倾向态度。自会议筹备阶段迄今，对主要海外传统媒体和新媒体与

G20 峰会相关的传播信息进行跟踪和抽样，经过全面细致的内容分析，发现此次 G20 杭州峰会不仅受到海外主流媒体的高度关注，更是在传播倾向方面取得重要突破。

1. G20 杭州峰会成为国际主流媒体高度关注的议题

在关注度上，早在大会前期筹备阶段，G20 杭州峰会就不仅是海外传统媒体，如美国《新闻周刊》《华尔街日报》《国际财经时报》，英国《卫报》、路透社，澳大利亚《悉尼先驱晨报》，俄罗斯国家通讯社，印度《快报》，非洲泛非通讯社等高度关注的议题，也是脸谱、推特、优兔等海外主要社交新媒体热议的话题。而在峰会开始前，海外主要媒体的关注度即进一步升温，至峰会开始达到最高峰。

2. 从倾向来看，正面积极和中立的态度成为绝对主流，尤其是积极正面报道比例首次超过负面报道比例，G20 杭州峰会的国际传播效果取得重要突破

在大会筹备期，在抽取的 100 个国外报纸样本中，外媒报道态度呈中立的有 58%，积极正面的占 24%，持负面态度的占 18%。其基本与以往我国承办的诸如 APEC 等其他大规模国际活动比例相似，筹备期持中立态度的占大多数，但此次峰会首次在筹备期持正面态度的比例超过了持负面态度的比例。而在新媒体方面，在 1352 个国外新媒体样本中，信息发布内容呈现正面态度的有 72.3%，超过七成，中立态度的占 23.2%，而持负面态度的仅为 4.5%，中立和正面内容超过 95%，成为绝对主流。

峰会开始前（8 月 5—24 日）和峰会举办期间（9 月 2—5 日），前 180 条外文报纸数据，其中正面报道态度的比例进一步提升，达到 53.3%，比前期增长近 30 个百分点，中立态度的报道有 42.2%，而持负面报道态度的报道比例下降至 4.4%，正面态度报道比例大幅增加、负面态度报道比例大幅减少，这种国际传播效果进一步表明峰会的成功。新媒体持正面报道态度的占 44.7%，中立态度的报道有 41.6%，而持负面报道态度的占 13.7%，尽管负面态度报道比例在新媒体平台略有反弹，但幅度不大，这也反映了新媒体平台和传统媒体不同的传播特征。

（二）G20 杭州峰会国际传播值得关注的议题

1. 议题广泛，开幕式备受关注和高度好评

此次 G20 杭州峰会国际传播的议题颇为广泛，统计峰会开始前的 8 月到峰会举办期间的国际传播的具体议题，从传统媒体看，政治政策占比最高（43.9%），其次为经济内容（23.9%），其后依次为开幕内容（9.4%）、环境内容（7.8%）、人文内容（5.6%）、筹备内容（5.6%）、民间活动（2.2%）和民生内容（1.7%）。在新媒体方面，政治政策占比最高（39.2%），其次为经济内容（18.0%），其后依次为开幕内容（12.5%）、民生内容（9.0%）、人文内容（7.1%），筹备内容（6.7%）、环境内容（3.9%）和民间活动（3.5%）。

特别值得关注的是，开幕式不仅在传统媒体和新媒体上均获得较高的关注度，还获得一致好评。从报道倾向来看，传统媒体上积极正面的报道比例达到 64.7%，中立的报道占 35.3%，没有负面报道；新媒体上倾向正面的报道占 43.8%，中立的报道占 46.9%，负面报道也仅有 9.4%。

此外，关于会议的筹备内容，国际传播中都是正面（58.8%）和中立（41.2%）态度的，没有差评。由此可见，国际媒体对 G20 杭州峰会的会议准备工作、人员安排持较高评价。

2. 政治是杭州"G20 峰会"国际传播中最受关注的议题，积极正面成为主流倾向

一般而言，对于中国举办的大型国际会议或活动，西方主流媒体的报道议题热衷于"政治化"，并且抨击和丑化中国的体制。此次峰会，政治相关的议题仍然备受国际传播关注，但需要指出的是，政治议题的相关报道倾向出现了很大变化，如传统媒体上正面态度的报道占 38.0%，中立的报道占 55.7%，负面态度的仅占 6.3%；新媒体上正面态度的报道占 31.0%、中立的报道占 49.0%、负面态度的报道占 20.0%，综合来看传统媒体的正面和中立倾向的内容已达到九成，新媒体上也达到八成。其中政治负面报道仍然集中在传统的话题，但这些重弹的老调已没有太大市场和吸引力。

在政治政策上，国外网友持负面态度的比重较高，甚至超过了国外传统媒体。批评多集中于美国总统奥巴马的"机场事件"上。西方传统的用来攻击中国政府的话题，依旧被国外网友所使用。

3. 在经济上，期待中国能给世界经济注入新的活力

当前全球经济形势低迷，作为参与国家最多、在全球经济金融中作用最大的高峰对话之一，G20 峰会自然被希望在经济发展层面有所作为，这也反映在 G20 杭州峰会的国际传播经济议题中。在有关经济内容报道中，传统媒体上的正面内容比例高达 60.5%，中立的报道占 39.5%，没有负面声音；在新媒体上，正面态度的报道占 67.4%，中立的报道占 30.4%，负面的报道仅占 2.2%。这说明，对于本次 G20 杭州峰会，国外媒体还是比较期待中国这个最大的发展中国家能给世界经济注入新的活力。一部分负面报道主要是认为中国在世界经济振兴中发挥的作用及力度都还不够。

4. 人文、环保、气候、民生等内容是 G20 峰会国际传播的重要"配菜"

人文内容是这几大内容中正面态度报道所占比例最高的，媒体主要对印象杭州的主题晚会进行了较多正面报道，对晚会的艺术效果和人文内涵给予高度赞扬。

关于环境内容，正面态度的报道占 71.4%，中立态度的报道占 21.4%，负面态度的报道占 7.1%。中美两国在峰会前同时向联合国提交《巴黎协议》的签署协议让全世界看到了缓解气候问题的希望，媒体也对中国在此中的努力给予了较高评价，其中一些负面报道则来自对于中国环境现实情况和环境问题具体解决措施的担忧。

国外传统媒体对中国峰会期间的民生内容关注不多，其负面报道主要集中在宗教和人权等传统的西方话语体系关注内容，媒体还对中国在会议期间关停工厂、限制宗教活动等进行报道。

二　金砖会议新闻态度受新闻关注领域影响

在推特和传统媒体的报道样本中，新闻关注的重点或领域均对新闻态度语气有显著影响。在推特的报道样本中，皮尔逊相关系数为 0.436，说明新闻关注的重点或领域对新闻态度语气会产生 43.6% 的影响。当关注的重点或领域为文化交流合作、传统医药领域和资金融通、监管合作时，报道更有可能持正面以及中立态度。而在传统媒体的报道样本中，皮尔逊相关系数为 0.600，说明新闻关注的重点或领域对新闻态度语气会产生 60.0% 的影响。当

关注的重点或领域为文化交流合作、传统医药领域和资金融通、监管合作时，报道更有可能持正面以及中立态度（见表5-4、表5-5）。

表5-4　推特报道的态度相关性分析

		推特报道态度	推特报道关注重点或领域
推特报道态度	皮尔逊相关系数	1	.436**
	显著性（双尾）		.000
	个案数	629	629
推特报道关注重点或领域	皮尔逊相关系数	.436**	1
	显著性（双尾）	.000	
	个案数	629	1141

注：*** 表示 p<0.001；** 表示 p<0.01；* 表示 p<0.05。

表5-5　传统媒体报道的态度相关性分析

		传统媒体报道态度	传统媒体报道关注重点或领域（可多选）
传统媒体报道态度	皮尔逊相关系数	1	.600**
	显著性（双尾）		.000
	个案数	134	134
传统媒体报道关注重点或领域（可多选）	皮尔逊相关系数	.600**	1
	显著性（双尾）	.000	
	个案数	134	174

注：*** 表示 p<0.001；** 表示 p<0.01；* 表示 p<0.05。

在新闻关注的重点或领域与报道态度的相关性分析中，零假设 H0 为两总体均值之间不存在显著差异，也就是对于金砖会议的报道态度不受新闻关注的重点或领域的影响。根据同质性检验可知，F 值检验中，推特样本和传统媒体样本的显著性 sig 值均为 0.000，小于显著性水平 0.05，表示两个组别群体变异数不相等，故认为总体方差不相等。原假设不成立，即不同分组之间异质，存在显著差异。

推特和传统媒体的报道样本中，新闻报道框架均对新闻态度语气有显著影响。在推特上的报道样本中，皮尔逊相关系数为 0.206，说明新闻报道框架对新闻态度语气会反向产生 20.6% 的影响。这表示当新闻框架为政治框架和经济框架时，更有可能持正面以及中立态度。而在传统媒体上的报道样本中，皮尔逊相关系数为-0.227，说明新闻报道框架对新闻态度语气会反向产生 22.7% 的影响。这表示当新闻框架为人文框架和其他框架时，更有可能持正面以及中立态度（见表5-6）。

表 5-6　两大发布渠道的相关性分析

	传统媒体	推特
报道力度	-.054	-.381 **
报道次数	-.428 **	-.384 **
报道框架	-.227 **	-.206 **
会议形式	-.172 *	-.111 **
样本	134	629

注：*** 表示 p<0.001；** 表示 p<0.01；* 表示 p<0.05。

推特和传统媒体的报道样本中，新闻报道次数均对新闻态度语气有显著影响。在推特的报道样本中，皮尔逊相关系数为-0.384，说明新闻报道次数对新闻态度语气会反向产生 38.4% 的影响。这表示报道次数越多，越有可能持正面以及中立态度。而在传统媒体的报道样本中，皮尔逊相关系数为-0.428，说明新闻报道次数对新闻态度语气会反向产生 42.8% 的影响。这表示报道次数越多，越有可能持正面以及中立态度。

仅在推特的报道样本中，新闻报道力度对新闻态度语气有显著影响。在推特的报道样本中，皮尔逊相关系数为-0.381，说明新闻报道力度对新闻态度语气会反向产生 38.1% 的影响。这表示报道力度越大（为 10 条以上），越有可能持正面以及中立态度。而在传统媒体的报道样本中，新闻报道力度与新闻态度语气无关。

推特和传统媒体的报道样本中，会议形式均对新闻态度语气有显著影响。在推特的报道样本中，皮尔逊相关系数为-0.111，说明会议形式对新闻态度语气会反向产生 11.1% 的影响。这表示当会议形式为开幕式、分论坛和闭幕式等时，媒体更有可能持正面以及中立态度。而在传统媒体的报道样本中，皮尔逊相关系数为-0.172，说明会议形式对新闻态度语气会反向产生 17.2% 的影响。表示当会议形式为开幕式、分论坛和闭幕式时，媒体更有可能持正面以及中立态度。

第三节　世界级经济类会议国际传播的成功经验

以杭州 "G20 峰会" 和金砖会议的国际传播为例，二者均是颇为成功并受到国际新旧媒体高度肯定的大会，所以针对未来打造城市名片，举办大型会议的海外传播，有以下几点国际传播的经验可供探讨。

大胆借助城市名片和传统文化资源，加强人文艺术内容的宣传来传播中国文化，塑造中国正面形象。G20 杭州峰会的成功之处便在于充分利用了杭州的城市名片和我国深厚的传统文化资源，尤其是开幕式融合了多种文化元素，向全球受众展现了中国魅力。[1]

充分重视新媒体传播。要敢于占据海外新媒体主阵地：截至 2016 年 6 月，人民日报、新华社、央视、中国国际广播电台、环球时报、中新社、中国日报、中国网等中央媒体在脸谱、推特、优兔平台共开设账号 44 个，粉丝总量达 1.2 亿人，已初步形成多国家、多语种、多频道的海外传播体系。与此同时，国企也纷纷借船出海，截至 2016 年 6 月，《财富》（中文版）发布的 2015 年中国 500 强企业中开通脸谱账号的共 91 家（包括全球主账号或地区、产品分账号），已经占近两成。这些都为 G20 峰会的海外宣传奠定了坚实的基础。

重视新媒体节点事件的爆炸性传播效果，重视国际热点事件，善于造势，善于转危为机。官方媒体在大型国际会议活动的宣传过程中要特别注意对国际热点事件的把握，这样有利于掌控舆情，更好地引导舆论走向。[2]另外大型国际事件是提升国家形象的重要契机，应该抓住机遇，充分利用后续效应提升国家形象。[3]

---

① 桑华月：《后 G20 视阈下杭州市社区文化品牌建设的机遇与挑战》，《大众文艺》2016 年第 15 期。
② 蔡峻：《发挥城市在国际话语权建构中的作用——G20 峰会宣传议程设置的一种框架》，《对外传播》2016 年第 7 期。
③ 王志凯、卢阳阳、Schulze、David：《G20 峰会与杭州城市形象及软实力的再提升》，《浙江经济》2016 年第 1 期。

　　管理国外媒体关注话题。国外媒体对于政治、经济等内容的关注所占比例很高，而且在传统的宣传点上对中国形象宣传不利，因此应特别注意相关关键词的管理。①

　　注重会务之外的中国经验。充分发挥中国智库的作用，抓住办会机遇，为决策者提供足够的智力支持，既要借鉴他国经验，又要勇于创新，通过会议议题与议程、成果文件的展示等把握会议的主动权，以此增加中国在国际上的话语权，提升整个办会城市形象。②

　　借助多元主体"讲好中国故事"，淡化官方媒体带来的刻板印象。在金砖会议媒体报道中，推特报道大量涉及"记者评论"和"国家元首发言"，传统媒体大量涉及"记者评论"和"政府部门官员发言"，主体多为媒体以及官方人员，事实上金砖会议邀请了诸多企业家参会，与会的大部分企业都是世界知名企业和金砖国家的支柱企业，涉及众多领域，既有能源、金融、食品、制造业、交通运输、基础设施等传统产业企业，也有互联网、大数据、电子商务、新能源、生物工程、共享经济等新兴产业企业。外方企业中，有 24 家世界 500 强企业，包括巴西淡水河谷公司、俄罗斯外贸银行、印度塔塔钢铁公司和南非发展银行等知名企业。企业是商贸合作的主体，我国媒体可以大量挖掘他们与中国合作的故事，从第三方的角度来讲好中国故事，效果将会更好。2015 年习近平访美期间，我国媒体正是利用中兴、华为企业在海外的出色表现以及脸谱的 CEO 扎克伯格的关注，在推特上形成传播合力，最大化地宣传了中国的正面形象，其他经济类国际会议报道也可以从此处入手。

---

① 吴瑛:《中美软实力在 G20 峰会中的比较研究——从国际媒体引用的视角》,《上海行政学院学报》2012 年第 5 期。

② 王文:《在 G20 现场体会全球智库博弈》,《对外传播》2016 年第 1 期。

第六章　全球科技类峰会对国家形象传播的影响

本章主要以世界互联网大会（乌镇峰会）为样本，分析全球科技类峰会讲述科技故事对国家形象传播的影响。2014—2016 年三届乌镇峰会的成功举办，在扩展中国的对外经济、文化、政治交流的同时，也不断扩大中国的国际影响力。本章跟踪研究了乌镇峰会举办后世界主流媒体关注乌镇峰会的程度、焦点、议题、评价态度等。通过设置三个多语种关键词乌镇、乌镇峰会、世界互联网大会对主要海外传统媒体（基于谷歌浏览量前 200 的媒体）和社交媒体平台（脸谱、推特、优兔等）进行全网搜索，设置时间为 2014 年 1 月—2016 年 12 月，采用大数据技术辅助网络挖掘及内容分析法，构建了三级指标体系，通过对比峰会境外媒体宣传力度、主题、框架、效果进行汇总分析与评估，分析境外媒体乌镇峰会国际传播力，以此总结提升城市国际知名度、进一步承接国际活动事项的经验。

第一节　乌镇峰会基本情况及研究设计

2014 年至 2016 年，桐乡市乌镇先后成功举办了三届世界互联网大会。这是我国举办的规模最大、层次最高的互联网大会，对于提升我国网络空间国际话语权，树立我国网络大国良好形象具有重要意义。

一　会议情况

世界互联网大会由国家互联网信息办公室、浙江省人民政府共同主办，浙江省互联网信息办公室、浙江省经济和信息化委员会、桐乡市人民政府、中国互联网络信息中心联合承办。三届大会的基本情况如下。

会议时间和地点。三届大会的举办时间分别为 2014 年 11 月、2015 年 12 月、2016 年 11 月，会期均为三天。举办地点均在桐乡乌镇。

会议主题和形式。三届大会的主题分别为"互联互通 共享共治""互联互通 共享共治——构建网络空间命运共同体""创新驱动 造福人类——携手共建网络空间命运共同体"。大会形式主要有开幕式、分论坛、闭门会议、圆桌会议、签约仪式、闭幕式等。由国家网信办牵头，浙江负责组织活动。

会议代表。三届大会共有参会嘉宾 4600 余人，境外代表主要为有关国家政府代表、国际互联网机构和互联网企业负责人、知名专家学者等，境内代表主要为我国相关部委领导和主要互联网企业负责人。

组织架构。大会在中央层面成立组委会，由中央各部委领导组成，中央网信办主任、浙江省省长任组委会主任。省级层面成立承办工作领导小组，由时任浙江省委常委、宣传部部长葛慧君任组长，省委办公厅、省政府办公厅、省委宣传部、省委网信办、省经信委等23个省直部门以及嘉兴市、桐乡市为成员。领导小组统筹负责大会各项承办工作，研究解决承办工作中的重大问题。设立领导小组秘书处，负责领导小组的日常工作和有关具体协调工作。下设会务部、信息化部、新闻宣传部、外事工作部、志愿服务部、安全保卫部、环境保障部等 7 个工作部门，分别由省委宣传部（省委网信办）、省经信委、省外侨办、团省委、省公安厅等部门牵头负责。桐乡市成立市承办工作领导小组，由市委书记和市长共同任组长，下设办公室、会务接待组等专项小组。专项小组与省承办工作领导小组秘书处和各工作部衔接。

二　研究设计

本研究采用大数据技术辅助网络挖掘与内容分析的研究方法，结合机器学习及内容挖掘获取整体大数据样本，以获悉话题整体趋势结果。进一步针对具体议题及意向态度的分析判断，使用随机抽取样本的方式，通过机器自动分析、网络挖掘结合人工在线内容分析方法，得到准确的深度分析结果。

（一）研究流程

本研究采用以 DataMiner 数据挖掘平台为主要研究工具的大数据技术辅助网络挖掘与内容分析研究方法，经过全网抓取、编码及质量控制、结果呈现三个主要流程完成。基于上述研究流程，本次针对全球主要语种国家关于乌镇峰会的新闻报道和网民议题，重点收集来自美国、欧洲、阿拉伯地区、日韩等地的主流新闻媒体的新闻报道，并通过网络挖掘和机器学习技术采集、清理相关媒体上关于乌镇峰会的海量信息，分析整体数据来显示舆情信息的整体趋势，以及整体信息报道中提及乌镇峰会的主要新闻机构和推特主页。另外以随机抽取部分样本的方式，进行人工分类在线内容分析，进一步挖掘变量间的差异和关系，快速并深度挖掘国际新旧新闻媒体对于乌镇峰会的舆情信息。

本研究数据范围覆盖 2014 年 6 月 1 日至 2017 年 5 月 31 日，为期三年。在全球的新闻媒体中，采集到与乌镇峰会相关的消息总量达 681599 篇（见表 6-1）。

表 6-1 乌镇峰会大样本总量分布

单位：篇

年份	媒体类型	数量
2014	推特等	377060
	新闻	70
2015	推特等	198724
	新闻	169
2016	推特等	105421
	新闻	155

经过机器查重，删掉内容重复的信息，从中随机抽取 2038 篇新闻报道作为分析样本，分析单位为全球主要语种新旧媒体中关于乌镇峰会的单篇新闻报道（见表 6-2）。

表 6-2 数据清洗后的样本

单位：条

平台	英语	小语种							
		德	日	韩	法	意	俄	阿	西
社交媒体 1550	1522	1	14	0	7	3	0	3	0
		28							
传统机构新闻 488	379	1	4	7	7	5	6	7	22
		109							
合计	1901	137							

注：本表采用三个编码员曹文鸳、陈冕、何艾祝读的数据条数；
①英语 1901 = 社交媒体英语消息 1522 + 传统机构英语新闻 379；
②小语种 137 = 社交媒体小语种消息 28 + 传统机构英语新闻 109；
③社交媒体 1550 = 1522 + 28；
④传统新闻机构 488 = 英语 379 + 小语种 109；
共计 2038 条 / ①1901 + ②137 = 2038；/③1550 + ④488 = 2038。

（二）类目建构

内容分析法的类目构建是从"说了什么"和"怎么说"两个方向来进行设置的。[1] 其中"说了什么"的类目主要指传播主体、传播内容，而"怎么说"的类目包括态度和评价。本研究的类目设置基于以上构建思路，观察全球新旧新闻媒介中关于乌镇峰会的报道，并侧重于挖掘乌镇峰会所涉及的重点合作领域，将其提及的新能源科技、网络安全、网络监管以及信息通信合作中所涉及的服务模式、监管难点与改善或调整措施设置为类目。另外，从以整体态度来构建的"怎么说"的类目中，进一步探索全球媒体对乌镇峰会的情绪。本研究共设置 12 个主要类目，具体如表 6-3 所示。

表 6-3 新闻报道研究指标体系

一级指标	二级指标
发布时间	播出年份
	播出月份
	播出日期

---

[1] B. B. Berelson，"Content Analysis in Communication Research," *American Political Science Association* 46，No. 3（1952）：869.

续表

一级指标	二级指标
发布力度	新闻报道版面位置
	新闻报道标题的准确文本字数
	正文包含相关议题数
	相关议题佐证案例数
关注重点领域	
消息框架	框架 A
	框架 B
消息涉及地区	英语
	非英语
消息类型	文字
	图片
	超链接
	视频
	以上有两种及以上
消息来源	国内
	国外
消息语气态度	正面
	中立
	负面
消息类别	UGC 原创
	转载新闻
	两者皆有
消息级别	领袖或机构领导人
	从业者及一般人员评论
消息涉及机构	国内政府组织
	国内非政府组织
	国际政府组织
	国际非政府组织
发布平台	新闻媒体
	社交媒体

第二节　乌镇峰会新闻报道概况

一　整体数据概况

1. 新闻报道量时间趋势

观察 2014 年 6 月 1 日至 2017 年 5 月 31 日的国际对乌镇峰会的总新闻报道量时间趋势，乌镇峰会的整体消息发布量呈持续递减趋势，其中传统新闻报道量持平，但是新媒体平台信息发布量持续递减（见图 6-1）。

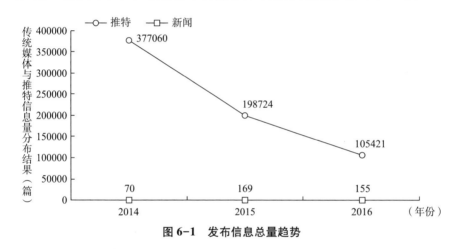

图 6-1　发布信息总量趋势

2. 社交平台乌镇消息发布的前 10 位推特主页

如表 6-4 所示，从社交媒体账号发布量前 10 名的博主信息可以看出，40.6% 也就是大部分为中国官方媒体，分别为中央电视台、人民日报社、新华社、中国日报欧洲版。它们在新媒体平台很好地起到了舆论引导的作用，借助乌镇世界互联网大会成功地宣传了中国的大国形象。

此外，财经类账号 @ Follow_Finance、@ Bizzscout、美国彭博新闻社记者 @ EdmondLococo 以及路透社记者 @ PaulCarsten 也十分关注世界互联网大会的盛况，这四个账号定位经济领域，它们的高频关注表明西方国家认同中国将借助互联网经济对世界经济的发展做出贡献。此外，还必须注意到 @ Weiboscope 这样的账号有一定的负面倾向。

表 6-4　推特发布者分布结果（Top10）

单位：篇，%

序号	来源	数量（占比）
1	EdmondLococo（美国彭博新闻社记者）	6383（12.0）
2	CCTV（中央电视台）	6215（11.7）
3	PDChina（人民日报）	5963（11.3）
4	Weiboscope（负面倾向）	5812（11.0）
5	Bizzscout（财经类媒体）	5378（10.1）
6	Follow_Finance（财经类自媒体账号）	5128（9.7）
7	ChinaDailyEU（中国日报欧洲版）	5120（9.7）
8	Nokia_Agent（诺基亚代理账号，非认证）	4794（9.0）
9	XHNews（新华社）	4180（7.9）
10	PaulCarsten（路透社记者）	4013（7.6）
	总数	52986

3. 乌镇报道的前 10 位传统新闻机构

从传统媒体发布前 13 名的主体可以看出，中国日报海外版、新华社、中国日报美国版以及中国国际广播电台是这 3 次互联网大会的报道主力军，其报道数一共占总数的 79.1%。此外，德国之声以及《南华早报》等综合性外媒对互联网大会也比较关注。值得注意的是，美通社、FT 中文网、彭博新闻社、PYMNTS.com 等专业的财经类媒体对互联网大会也有一定的报道，表明西方媒体十分认同世界互联网大会在经济融通方面带来的作用。

表 6-5　传统媒体报道量分布结果（Top13）（第 10—13 位数量相同）

单位：篇，%

序号	来源	数量（占比）
1	China Daily（中国日报海外版）	106（45.3）
2	Xinhua（新华社）	48（20.5）
3	Chinadaily USA（中国日报美国版）	24（10.3）
4	Deutsche Welle（德国之声）	12（5.1）
5	Bloomberg（彭博新闻社）	9（3.8）
6	China Radio International（中国国际广播电台）	7（3.0）
7	South China Morning Post［《南华早报》（subscription）］	7（3.0）

续表

序号	来源	数量（占比）
8	PR Newswire（press release）（美通社）	5（2.1）
9	PYMNTS.com（财经类自媒体）	4（1.7）
10	CCTV（中央电视台）	3（1.3）
11	FT 中文网（金融时报中文网）	3（1.3）
12	中国日报	3（1.3）
13	搜狐	3（1.3）
总数		234

4. 全网高频词分析

如表 6-6 所示，从高频词汇中可以看出，"互联网""网络空间""网络"等与此次大会属性相关的词出镜率最高，"安全""主权""防火墙""监管""共享""免费"等词语出现频率也相对较高，表明"互联互通 共享共治""网络空间命运共同体"的主张成为各方共识，同时，也要看到，"审查"和"被墙"两个词排名第 9 和第 14，表明以彭博社、CNN 为代表的西方媒体仍然对我国存在意识形态偏见，强烈关注中国的网络空间内容审查制度。此外，小米、阿里巴巴、诺基亚、脸谱等大型互联网企业以及IT 企业表现也可圈可点，展现了大型企业在构建良好的对外形象方面的巨大潜力。值得注意的是，"假货"在高频词汇中出现两处，表明中国相关的互联网企业将致力于打假工作，使其更好地服务于全世界人民，更好地互联互通。

表 6-6　高频词分析

词	频次	词	频次	词	频次	词	频次
Internet 互联网	1952	Wuzhen 乌镇	444	Censorship 审查	122	Technology 技术	67
World 世界	1835	Second 第二次	215	President 主席	120	Block 被墙	62
Conference 会议	1760	Host 东道主	212	Chinese 中国	77	Address 演讲	57
China 中国	1059	Xi Jinping 习近平	171	First 第一次	72	Global 全球	54

续表

词	频次	词	频次	词	频次	词	频次
Website 网址	54	Online 线上	27	International 国际化	17	Scenic 风景优美的	12
Web 网络	52	JackMa 马化腾	26	Twitter 推特	17	Shape 塑造	12
Town 城镇	47	Share 共享	25	Government 政府	16	Upcoming 即将到来的	12
Eastern 东方的	46	Cybersecurity 网络监管	24	Official 官方的	16	Chairman 主席	11
Zhejiang 浙江	45	Free 免费	24	Guest 客人	15	Common 共同的	11
December 十二月	44	Control 控制	23	Security 安全	15	Connect 连接	11
Leader 引领者	43	Ceremony 盛典	22	Site 网址	15	Culture 文化	11
Declaration 声明	42	Infographics 信息图像	22	Highlights 强调	14	ICANN 互联网名称与数字地址分配机构	11
Foreign 外国	39	Sovereignty 主权	22	Nokia 诺基亚	14		
Cyber 网络	34	Country 国家	21	Pakistan 巴基斯坦	14	PaulCarsten 路透社记者	11
Facebook 脸谱	33	Sham 假货	1	Urge 主张	14	Expo 博览会	10
Firewall 防火墙	33	Access 接近	19	Wednesday 周三	14	Scarves 丝巾	10
November 十一月	32	Company 公司	19	Committee 委员会	13	Smartphone 智能手机	10
Week 周	32	Xiaomi 小米	19	Digital 数码	13	Alibaba 阿里巴巴	9
Wuzhen Summit 乌镇大会	32	Vision 视野	18	Key 关键	13	Annual 一年一度的	9
Ratify 批准	30	Volunteer 志愿者	18	Tycoons 企业巨头	13	AI 人工智能	9
Cyberspace 网络空间	29	BBC 英国之声	17	Unravel 阐明	13	Business 商业	9
Governance 监管	29	Execs 执行者	17	Organize 组织	12	Check 核查	9

续表

词	频次	词	频次	词	频次	词	频次
Fake 假货	9	Rule 规则	9	Asia 亚洲	8	Expect 期望	8
Game 游戏	9	Spotlight 聚焦	9	CCTV 中央电视台	8	Forum 论坛	8
Medvedev 梅德韦杰夫	9	Underway 进行中	9	Community 共同体	8	Pakistani 巴基斯坦	8
Qipao 旗袍	9	Update 更新	9	Cooperation 合作	8	YouTube 美国著名 视频网站	8
Represent 代表	9	Advocate 提倡	8	Development 发展	8		

5. 代表性小语种信息特征概况分析

（1）俄罗斯语

从俄罗斯主要搜索引擎 Yandex 信息检索结果来看，俄语媒体对世界互联网大会的关注始于 2015 年俄罗斯总理梅德韦杰夫参加第二届互联网大会。内容涉及大会的规模、参会人员、大会的议题、俄罗斯参会人员等报道。大多数新闻关注的是大会开幕这一事件本身，态度较为中立。有个别新闻在报道世界互联网大会的同时提及中国的网络自由，态度较消极。

（2）韩语

在韩语报道中，报道时间也在峰会期间集中，在峰会后也有零散分布。有关"世界互联网大会"的新闻信息主要集中在 2016 年大会召开的 11 月间，而大会召开之后至 2017 年，也陆续有和"世界互联网大会"相关的新闻报道。2017 年 1 月、2 月、3 月、4 月的新闻发稿量基本均衡。

从新闻来源来看，韩国主流媒体是相关报道的中坚力量。检索到的新闻主要来自《中央日报》《新东亚》《亚洲经济》《每日经济》《先驱经济报》等韩国主流媒体。从内容来看，韩国媒体主要对科技产生了浓厚的兴趣。检索到的相关报道，多数与互联网技术相关，如人工智能、人脸识别等，也有一部分是韩国企业参与相关技术合作的报道，报道文章均比较详尽。其新闻态度也表现了对互联网技术的充分认可以及热切期待。

（3）阿拉伯语

阿拉伯语的新闻报道对乌镇互联网大会的态度总体很冷淡。在50条阿拉伯语新闻中，关于乌镇世界互联网大会的中心内容报道寥寥无几。阿拉伯语报道主要关注乌镇峰会的安保问题和网络反恐等主题。

（4）德语

德语报道的数量较少，且关注度并不高。经抽样获得的两篇报道：一篇是关于百度公司新技术的报道，另一篇是关于网络审核的报道。但从推特来看，基本无人评论，反映出德语网友对此的关注度并不是很高。

（5）意大利语

意大利语媒体关于世界互联网大会的报道较多，主要重视技术和中国的各项管理政策。

二 清洗后的样本数据分析

1. 事件发展趋势

传播渠道分为新闻媒体和社交媒体两类，由此观察乌镇峰会的信息量发展趋势，如图6-2所示。从整体趋势看，新闻媒体及社交媒体信息量发展趋势基本一致。每年10—12月为两个信息发布渠道的共同高峰月。值得注意的是，第二届峰会，两个信息发布渠道的顶峰发布量有显著差异，社交媒体用户对此更为关注。

2. 日期及区域分析

从区域上看，这三年，9月和10月主要涉及的是美国、英国、日本和俄罗斯。2017年上半年3月6日提及的是英国、美国、日本和法国。对数据内容分析后发现，由于梅德韦杰夫出席第二届峰会，俄罗斯社交媒体较多关注转载相关报道。诸多国家中，巴基斯坦对此有着最为细致的关注（见图6-3）。在2018年1月，巴基斯坦将开启科技城市计划，建立国际化水平研究创新中心，邀请浙江公司在巴基斯坦开设分公司，强化与中国的电子商务、科技方面的合作。

2015年，诺基亚总裁出席第二届峰会，爱尔兰前总理艾亨、韩国前国

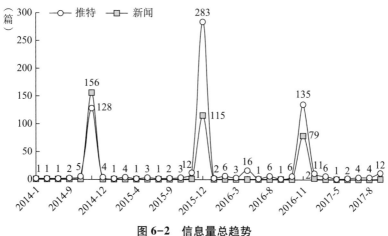

图 6-2　信息量总趋势

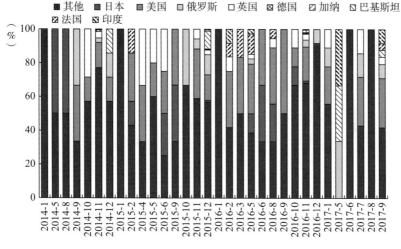

图 6-3　日期及区域分布

注：其他国家包括朝鲜、意大利、巴西、澳大利亚、古巴、哈萨克斯坦、吉尔吉斯斯坦、塔吉克斯坦、新加坡、加拿大、新西兰、汤加。

会议长金炯昕、俄罗斯总统助理肖格列夫、ICANN 总裁法迪、汤森路透集团总裁史密斯、高通公司董事长雅各布以及阿里巴巴董事局主席马云等中外政、商界领袖纷纷在自己的公司或个人社交账户上发表或评论峰会相关信息并获得比较高的转发评论数。

2015 年，第二届峰会的国际影响力最高，因为此次国际互联网领域有影响力的组织及领军人物参与最多，例如联合国经济社会事务部、国际电联、世界知识产权组织、世界经济论坛等国际重点组织纷纷在自己的推特账户上发布峰会内容。

3. 焦点热词

利用词云图，初步观察新闻媒体及社交媒体对"乌镇峰会"战略整体的讨论焦点和关注态度。

词云图显示，新闻媒体及社交媒体最为关注我国互联网技术发展以及互联网空间主权和治理等主题。其中，对乌镇峰会持正面态度的热词集中在"国际""互通""共享""开幕""盛会""科技"等，可以看出新闻媒体及社交媒体用户对乌镇峰会是抱有期待的，他们看好该峰会为浙江地区带来的发展机会。

针对负面态度，主要焦点热词为"主权""言论""观点""自由"等，来自互联网监管与网络社会治理方面。

三　新闻媒体支持度分析

从整体上看，新旧媒体的整体态度比较正面中立。在 1690 个国内外对乌镇峰会的报道样本中，报道内容呈现中立态度的占 50.2%，为大多数。保持正面态度的占 25.4%，而持负面态度的占 17.3%，其他占 7.1%。

1. 影响两大发布渠道态度的要素分析

在传统媒体的报道样本中，报道位置（是否 A1 版头条带图片）对新闻态度语气没有显著影响。而在新媒体（推特）的报道样本中，当报道位置采用长篇博文、带图片、带转载直播视频时，更有可能持正面以及中立态度。推特等新媒体平台资讯更容易受细节信息影响。

在传统媒体和新媒体（推特）的报道样本中，报道力度对新闻态度语气都没有显著影响。

在传统媒体的报道样本中，消息主要内容对新闻态度语气会反向产生 10.4% 的影响，表示当报道内容为人物访谈、观点讲述、民生内容和新技术时，报道更有可能持正面及中立态度。而社交平台消息的主要内容对态度语气没有显著影响（见表 6-7）。

表 6-7　影响两大发布渠道态度的要素分析

	传统媒体	社交媒体
消息发布位置	-.034	.079 **
消息发布力度	.036	.020
关注内容	-.104 *	.043
信息框架 A	.085	.033
信息框架 B	-.140 **	-.153 **
样本	379	1974

注：*** 表示 $p<0.001$；** 表示 $p<0.01$；* 表示 $p<0.05$。

在报道框架 A（即主体性框架和情节性框架）与消息态度语气的相关性分析中，社交媒体和传统媒体的消息态度语气均不受报道框架 A 的影响。在与报道框架 B（即政治框架、经济框架、人文框架、社科框架和新技术框架等）的相关性分析中，新旧媒体均受报道框架 B 的负面影响。其中对新媒体（推特）的报道态度语气的影响程度更大。

2. 影响英语和非英语地区态度的要素分析

对英语地区和非英语地区的消息来说，报道的位置会对英语消息发布态度语气产生正面影响，对非英语消息发布的报道语气则影响不大。在英语报道样本中，当报道位置为新闻图片、新闻直播和新闻视频时，报道更有可能持正面以及中立态度。消息发布力度和消息关注内容则对英语报道和非英语报道的新闻态度语气都不会产生显著影响（见表 6-8）。

表 6-8　影响英语和非英语地区态度的分析

	英语	非英语
消息发布位置	.094 **	-.082.
消息发布力度	.025	.074
关注内容	.023	.079
信息框架 A	.024	.216 **
信息框架 B	-.135 **	-.129
样本	1684	176

注：** 表示 $p<0.01$。

新闻报道框架 A 对非英语地区的消息态度语气会产生 21.6% 的影响，所以当采用情感化的报道框架 A 时，非英语报道更有可能持正面以及中立态度。其对英语报道的消息态度语气则没多大影响。

新闻报道框架 B（即政治框架、经济框架、人文框架、社科框架和新技术框架等）对非英语地区消息的新闻态度语气没有多大程度的影响，而对英语地区消息的态度语气会产生 13.5% 的负面影响。即当报道内容为人物访谈、观点讲述、民生内容和新技术时，报道更有可能持正面以及中立态度。

3. 对合作领域的态度

对合作领域的态度分析如图 6-4 所示。

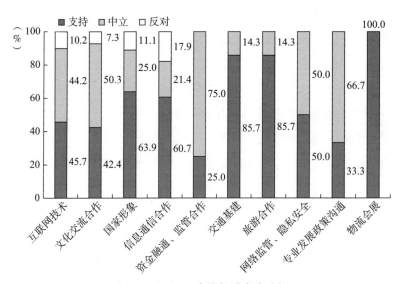

图 6-4　TOP10 合作领域态度分析

四　议题综合分布

三届大会共举办 30 余场分论坛，议题涵盖广泛，聚焦互联网基础设施建设、互联网新媒体、跨境电子商务、互联网金融、数字经济发展、网络空间治理、网络安全等全球关注的前沿热点问题，以互联网名人高端对话、中美大学生对话、高峰对话、闭门会议等多场形式新颖的讨论活动，容纳各方具体期待和不同诉求。

1. 涉及的主体

新闻媒体及社交媒体都最为关注互联网协会（163篇）和中国互联网企业（106篇）。这里的互联网协会主要有中国互联网信息发展协会、中国电子商务协会、中国计算机行业协会之类的社会组织（见图6-5）。

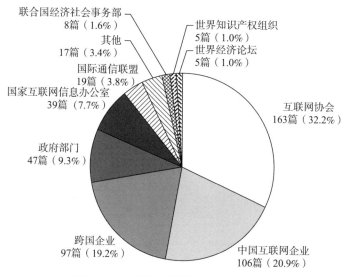

图6-5　乌镇峰会报道涉及的机构分布

会议期间相关互联网企业、协会积极参与，与国际政府组织、国内互联网政府机构开展务实合作，形成了互联网金融发展报告、"数字丝路"建设合作宣言、"中美大学生共话互联网梦想"倡议、"中国互联网+联盟"等积极成果，涵盖了智慧城市建设、互联网产业融合、网络安全和信息化合作等多个领域。特别是第二届大会发布的《乌镇倡议》，成为国际互联网发展和治理领域的重要成果，被国际誉为"互联网历史上的里程碑"；第三届大会组委会秘书处高级别专家咨询委员会发布《乌镇报告》，凝聚各方共识，成为大会标志性成果。

2. 涉及的国外政治人物

俄罗斯总理梅德韦杰夫、哈萨克斯坦总理马西莫夫、吉尔吉斯斯坦总理萨里耶夫、塔吉克斯坦总理拉苏尔佐达、柬埔寨副首相贺南洪、国际电联秘书长赵厚麟、世界经济论坛创始人兼执行主席施瓦布等重量级嘉宾到会并致辞演讲。

苹果、微软、脸谱、高通及阿里巴巴、百度、腾讯等全球互联网企业的多位领军人物与会开展对话。来自境内外主流新闻媒体的 2000 多名媒体人注册参会。

3. 乌镇峰会发布信息中涉及次数前五的区域

新闻媒体及社交媒体的报道均提及美国的次数最多，提及次数较多的国家为俄罗斯、英国、巴基斯坦和日本。

乌镇峰会发布信息涉及的区域中，被谈及次数最多的五个地区均对峰会持正面的态度，包含完全支持和中立，其中英国中立态度最突出，俄罗斯态度最正面，巴基斯坦负面评论比例最大（见图 6-6）。

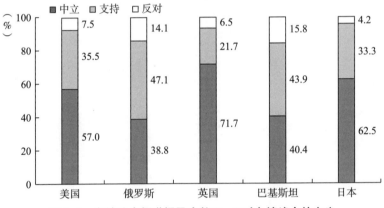

图 6-6　乌镇峰会报道提及次数 Top5 对乌镇峰会的态度

4. 区域及合作领域的关系分析

从整体看，新闻媒体和社交媒体对于合作领域的关注程度差别不大，契合度较高（见图 6-7）。当中互联网技术、文化交流合作、信息通信合作被提及的次数最多，所占比例亦相对较高。

在互联网技术方面，新闻媒体及社交媒体关注焦点主要集中于网络信息安全、境内境外监管、防火墙及主权、跨境电商合作、共同打击互联网犯罪等相关议题。

在文化交流合作方面，新闻媒体及社交媒体关注焦点主要集中于全球文化交流和地方文化特色，比如反映浙江大地风土人情的"美丽浙江"系列图片展、"乌镇之夜"招待晚宴暨浙江特色文艺表演活动、《十里红妆·女儿梦》专场文艺演出、新版《梁祝》音画越剧等文艺活动等独具地域文

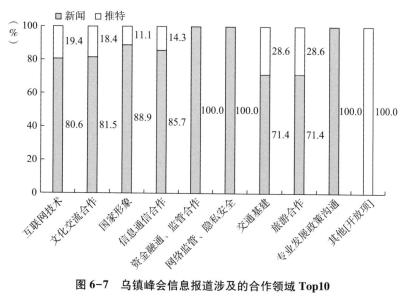

图 6-7　乌镇峰会信息报道涉及的合作领域 Top10

化特色的风格展示均获得比较高的点击转发率。

在信息通信合作方面，关注焦点在于加快贫困地区网络普及、数据加密、共建互联网基础设施、跨境海底光缆建设等议题。

5. 乌镇峰会提及最多的五大区域对峰会前十热点议题的态度

乌镇峰会提及次数最多的五个区域中，日本在互联网技术话题外比较关注文化交流合作话题，除日本外的其他四大区域均最关注互联网技术的开发与合作，巴基斯坦最为关注这个议题（见图 6-8）。

6. 对未来乌镇峰会议题热点的预测

通过上文分析，五大区域最为关注互联网技术的合作，未来这种创新驱动作用也会渗透到其他尖端技术和高端领域，通过互联网这一新兴技术撬动人工智能等其他领域。与此同时，互联互通背景下的商贸合作、转口贸易也是在未来大有可为，并且向深度和广度发展的领域。此外，绿色发展如今已成为各方共识，能源建设、环保合作、智慧农业/农产品合作也是颇有想象力的合作领域。

借助大会的东风，来自全世界的政经要人、业内翘楚、专家学者等各方来宾相聚浙江、相聚乌镇，有力地带动更多的人才、信息、技术、资本和资源向浙江聚集。"互联网之光"主题展上，腾讯、阿里巴巴、

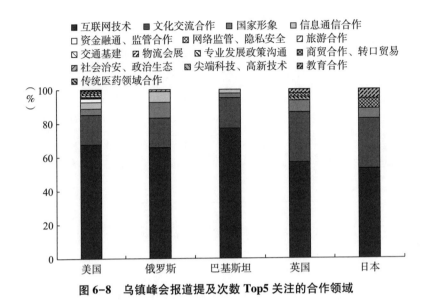

图 6-8 乌镇峰会报道提及次数 Top5 关注的合作领域

百度及微软、三星等国内外互联网知名企业踊跃参与，有力促进了浙江省与国内外企业的交流合作。第三届大会精心设计了 10 场"乌镇咖荟"活动，搭建起互联网大咖沟通交流的平台、地方政府与企业项目对接的平台。

互联网大会永久落户乌镇，也为推动浙江建设信息经济新高地、实现跨越式发展提供了新的契机。越来越多的互联网企业选择到乌镇来投资。截至 2017 年底，共有 46 家企业落户乌镇，总投资超过 150 亿元；另有 33 家创业机构入驻入孵，乌镇互联网创业模式初具雏形。

第三节　乌镇峰会对国家形象的影响及宣传的不足

自 2014 年 11 月以来，一年一度的乌镇峰会不仅已成为世界互联网领域的标志性会议而吸引了全球的关注，也被成功打造为新媒体时代传播中国和浙江的独具特色的国际性名片。因此，我们通过全面分析国内外新旧媒体对前三届乌镇峰会的报道，发现尽管乌镇峰会极大提升了中国国家形象和浙江形象，但在传播中尚存不少有待提升的空间。

（一）成效："乌镇"已经成为传播中国国家形象和浙江形象的"新"名片

通过对全球新媒体与传统媒体关于世界互联网大会报道的连续跟踪的内容分析，从 2014 年 11 月迄今，"乌镇"成为全球传播领域的一个高频词，"乌镇"这一具象的镇名承载着丰厚的文化内涵，在全球新媒体与传统媒体上交织着冲击人们的视线，成为表征中国国家形象和浙江形象的独具特色的"新"名片。

1. "乌镇"促进中国国家形象和浙江形象内涵的纵深化与表象的丰富化

与北京奥运会、G20 杭州峰会以及其他国家举办的国际大型活动选址于现代化城市不同，乌镇峰会独具匠心地将拥有 7000 多年文明史和 1300 年建镇史的中国历史文化名镇乌镇作为世界互联网大会永久会址，新奇的选址策略使得乌镇吸引了全球的目光，并极大地促进了中国国家形象和浙江形象内涵的纵深化与表象的丰富化发展。

2. "乌镇"在国际传播中能见度提升，在国家形象和浙江形象传播中具有新的文化表征

首先，世界互联网大会极大地提升了"乌镇"在国际传播中的能见度。例如，2016 年世界互联网大会共设 16 个分论坛 20 个议题，包括数字经济论坛，"互联网+"论坛，移动互联网论坛，中非互联网合作论坛，互联网国际高端智库论坛，新媒体发展论坛，海峡两岸暨香港、澳门互联网发展论坛，大数据论坛，互联网全球治理论坛等，国外媒体报道的总体数量超过 50%。"乌镇"成为国际传播中的高频热词。

其次，乌镇峰会将乌镇与世界互联网大会创新地对接，将自然与科技、传统与现代、中国与世界等诸多元素完美地互通，乌镇为互联网注入了人文积淀、互联网为"乌镇"增添了现代气息。世界互联网大会在二者的互融中凸显了中国形象和浙江形象的人文魅力。大数据分析显示，国外媒体中人文主题的报道数量占国外所有报道的比例超过 50%，在他们的报道中，乌镇成为传统与现代相结合的完美范例。

最后，前沿科技成果发布类的议题，如技术革新、方法发明、新能源的开拓等在新闻传播过程中受到更高的国际关注度，相关主题报道数量占所有报道的比例超过 60%。互联网技术革新议题的出现，为乌镇峰会的国际影

响力的塑造奠定了基础，赋予了中国科技大国和浙江科技大省的文化表征。

3."乌镇"国际传播的辐射性效应充实了浙江形象的传播内涵

乌镇峰会的国际传播虽然以乌镇为中心，但自然地向与乌镇相关的浙江其他地域以及代表性产品辐射，多元的文化符号共同绘制出一个城市的文化蓝图。不落窠臼的"杭州西湖"、"天堂伞"以及"G20峰会"等新标题，不断刷新着浙江传播的视角，乌镇峰会以当代科技前沿的互联网主题增添了浙江形象传播的新维度。"乌镇"这张新名片的背后还有以乌镇为代表的传统旅游城市产业的转型升级，以互联网为主题的产业链已悄然布局在乌镇南栅，一方面呼应乌镇峰会的互联网议题，另一方面从生产力成果的实践创造上提升乌镇的城市文化，这些都在一定程度上充实了信息化时代的浙江省传播内涵。

（二）媒体战略：大力提升乌镇峰会国际传播渗透力

在上文对乌镇峰会新闻态度和语气的影响因素分析中，可以发现英语报道和非英语报道、新媒体（推特）和传统媒体在同一因素下具有不同的影响效果，因此可以针对它们之间各自的特点，制定出各自适用的对外宣传策略。首先，针对非英语报道易受报道框架 A（即主体性框架和情节性框架）影响的特点，可以多采用此类框架；针对英语报道态度语气易受报道位置和报道内容影响的特点，可将新闻置于图片、直播和视频中，同时多安排人物访谈、观点讲述、民生内容和新技术等方面的内容；针对新媒体（推特）对新闻报道位置和报道框架 B 敏感的特点，可将新闻置于正文、头版和简讯等报道位置，同时采用报道框架 B（即人文、社科和新技术框架）；针对传统媒体受报道内容和报道框架 B（即人文、社科和新技术框架）的影响较大的特点，可投其所好，争取在内容上呈现人物访谈、观点讲述、民生内容和新技术等方面的内容，同时采用人文、社科和新技术框架，从而全方位打造出灵活机动有效的对外宣传策略。

1.着眼世界、拓展渠道，采取更为主动的传播策略，进一步提高"乌镇峰会"传播的国际化水平

第一，鼓励开设海外账号抢占国外新媒体传播阵地，大力提升传播实效性和有效性。新媒体的快捷化、多维度、交互性优势逐渐在各类新闻传播路径中崭露头角，利用好各类新媒体的优势，借助优兔播发的新闻视

频、各大报纸刊登的新闻，在地方政务网以及推特、脸谱等社交媒体中展示，形成推介"组合拳"。

第二，加强多语种海外传播，扩大传播广度。随着传统主流报刊与通讯社在各大社交应用平台上推出铺展，目前已经初步形成了多国家、多语种、多频道的海外传播体系，在此基础上，我们应针对德国、法国、俄罗斯、日本、韩国、泰国、越南等世界主要大国和我国主要周边国家进行传播。

2. 多元传播、打造口碑，制定更细致的针对性传播方式，提升传播效果

第一，针对不同的媒体、不同的地域，要有针对性的传播方式。例如，针对新媒体，推送形式要多元化，目前我们提供的专门性视频报道还较少，而新媒体进入视频社交媒体时代，要加强微视频的制作。此外，图片内容也要多元化。

第二，加强前期的铺垫性传播。目前的报道主要集中于乌镇峰会期间，而平时的铺垫性传播不多，这就造成我们难以充分发挥"乌镇"的辐射性和连续性效应，对此，从现在开始，我们就筹备制作"乌镇"相关的文化传播内容，从9月开始，对乌镇峰会进行铺垫性传播。

第三，丰富细节性传播。从海内外媒体的传播框架来看，宏大主题相对较多，细节性报道还不够丰富，建议今后的报道进一步丰富细节传播，以淡化海外媒体的政治化色彩，并吸引新媒体用户对乌镇的关注。

3. 立足本地、充分借力，充分发挥浙江宣传部门和省内媒体的主场优势，大力提升定向传播和推广水平

第一，充分利用浙江国际新闻敏感源和新闻媒体平台，大力提升乌镇城市文化品牌。

在前三届乌镇峰会有关互联网技术的报道中，本土的浙江媒体表现不佳，检索到的新闻来源以《新东亚》《亚洲经济》《每日经济》《先驱经济报》等境外媒体为主，也有人民网、《南华早报》等中文媒体，但搜索前几页鲜见浙江媒体。贴近信息源的报道方更需要在报道的独家性上做文章，不仅要在政治、经济方面梳理素材，还应当从国际信息传播的敏感源上多下功夫，做好最有利于城市文化表达的宣传。

第二，健全峰会期间传播及服务机制，大力提升定向推广水平。

我们发现，在以往的乌镇峰会的推广及相关服务中存在社交媒体运用不够充分灵活、定点推广未能全面执行、对外提供的咨询材料不够周全等问题，在乌镇峰会举办前期，我们应该重点解决这些方面的问题，建议提前制作与峰会相关的咨询材料和宣传册，加强新媒体及数字服务机制，加强与全球网民的互动等。

（三）品牌战略：借力乌镇峰会传播浙江形象

1. 高度重视乌镇峰会对国家形象和浙江形象传播的辐射性和连续性品牌效应，制定专门的"乌镇"国际传播战略

通过对前三届乌镇峰会的海内外传播大数据分析，我们可以看到，"乌镇"已经成为世界互联网大会的传播名片，对国家形象和浙江形象的海内外传播产生极大的正面效应。2017年11月，乌镇迎来第四届世界互联网大会，我们制定了专门的系统的国际传播战略，进一步发挥"乌镇"在国际传播中的辐射性和连续性效应。因此，建议中宣部、国家网信办等相关政府机构与浙江省委共同制定"乌镇峰会"国际传播战略，从顶层设计出发，通盘谋划借力乌镇峰会国际传播平台，讲好中国故事、浙江故事，传播中国声音、浙江声音。

2. 深入挖掘乌镇和浙江的文化表征资源，提升乌镇峰会国际传播穿透力

第一，实施乌镇城镇名片提升工程，推进乌镇传统文化与前沿科技深度融合。阿尔法围棋连续赢得"人机大战"，不断刷新着人们对人工智能的认识边界，连普通的科技爱好者都算不上的人都能感受到技术的力量扑面而来。与此类似，百度机器人的超凡表现同样让国内外研究者大吃一惊，技术的成熟曲线搭载舆论传媒的传播不断扩大着传播领域的地盘，乌镇峰会的传播正是基于这种搭载关系受到广泛关注。传统文化底蕴丰富的城市风貌需要不断填充新的实践，填充新的边际生产力，最终实现城市名片的国际化。

第二，借力科技优势向生产力转化的公共议题，提升乌镇峰会国际传播穿透力。新闻话题的传播活力在一定程度上取决于议题的高度，或者是共同关注度，功能效用狭隘的话题辐射的范围相对较窄，而致力于解决绝大部分人公共问题的议题则能受到广泛的关注。乌镇峰会的议题活力在于

互联网的技术性开发利用，会聚了能够创造极大经济活力的互联网领军人物，将高效能的资源高度浓缩，于是其传播源的动力得到了极大的提升。在新闻媒体的国际化传播过程中，科学技术向生产力转化方面的议题一直是人们走向未来的重要关注点。乌镇峰会的国际化传播还需要继续深挖科技对生产的促进作用。全球化的气候问题催生了哥本哈根气候会议，人类共同面临的问题让国际圆桌会议得以产生、会议的规格得以提升、会议的传播得以推广。与此类似，乌镇峰会正是由于紧靠新闻传播的热源——科技向生产力转化，才使得国际化传播更加顺畅，在后续的新闻报道过程中更需要深度开辟互联技术的功能，如智能机器人的开发、高端信息化产业链的锻造等。因此乌镇峰会的前期报道需要紧跟科技生产力这一新闻传播"台风眼"，提升传播穿透力。

附录　塑造新时代中国大国形象：中国制造的品牌形象建构与海外认同[*]

当今世界正处于百年未有之大变局。经济维度上，各国联系不断加强，产业链分工体系渐趋完善，合作与竞争的内在交融空前激烈；文化维度上，繁杂多元的社会思潮、价值观念在世界舞台上激荡、碰撞；科技维度上，数字技术的发展、媒介业态的迭代，推动着跨国界、跨文化、跨语言的社交距离迅速缩短。

正如学者所言，我们生活在一个相互依赖的时代，国家形象是一个民族国家进入国际舞台的通行证。在新时代中国大国形象谱系中，跨国企业是最具典型性的形象符号之一。近年来，随着中国企业"走出去"步伐的不断加快，跨国企业品牌以及作为跨国企业精英的企业家们在境外媒体的曝光度也日益攀升，各类报道中不乏大量隐喻使用，而其情感偏向如何、文本潜藏何种内涵、所欲传达何种理念等一系列问题，在推动构建我国新型大国形象的当今更加需要得到业界重视。

一　文献回顾与概念厘定

（一）隐喻与框架：国家形象的话语建构

所谓国家形象，指的是"一国外部和内部公众对某国的总体判断和社

* 基金项目：浙江省哲学社会科学规划理论宣传专项课题"全面提升中国民营企业国际形象与文化软实力"（项目编号：19LLXC37YB）。

会评价"。随着时代变迁，国家形象的内涵和外延也在不断变化。国家形象概念脱胎于20世纪70年代提出的"原产地"（made in）一词，其用以指代"商业人员和消费者认为与某个特定国家相关的产品所具有的形象、声誉和刻板印象"，这一形象是由一国政治、经济、代表性产品、文化、历史以及传统等多个因素共同塑造的。

在国家形象的话语建构过程中，隐喻无处不在。隐喻这一概念最早来自西方古典修辞学，其本质就是通过另一种事物来理解和体验当前的事物，人们的一切思想与行为都是以隐喻为基础的。[1] 考察新时代中国大国形象的建构，从某种程度上说，不仅是考察一个具有国家属性的隐喻的发展过程，也是探索一个国家对外话语体系不断重塑的过程。

改革开放以来，西方媒体在新闻报道中所描述的中国国家形象，充斥着强烈的意识形态偏见和刻板印象。新闻从来都不是一种客观存在的静态物，而是一种对象化的动态客体，作为一种"意象景观"，新闻源于人们对客观世界的认知与反思，是在共同意向基础上对特殊事实隐喻进行的"可读性解读"。学者覃岚指出，新闻隐喻建构了受众对新闻的感知，并塑造了新闻意义的表达。[2] 隐喻也可以被理解为一种"框架"，即媒体在被称为"框架"的概念中为受众"构建"一种印象，这种印象在很大程度上影响受众按照各种"结构"去思考和理解某种符号。通过设置框架，媒体得以影响人们的认知，进而去建构特定的意义。

随着社会化媒体的兴起，中国跨国企业形象的塑造，不论在媒介类型方面，还是在文本类型方面，丰富性和多元性都达到了前所未有的广度和深度，参与其中的话语形态也发生了深刻变化。考察近半个世纪以来西方媒体在新闻报道中对中国跨国企业形象的建构可以发现，其本质上是在受西方主流价值观和意识形态主导的隐喻认知框架下的一种交流形式。在有关跨国企业的报道中，通过对新闻事实片段、价值、倾向、立场、观点、态度乃至呈现形式等的主观筛选与刻意强调，西方媒体极富效率地在其价

---

① George Lakeoff, Mark John, *Metaphors We Live by*, Chicago: University of Chicago Press, 2003, p. 3.

② 覃岚:《解释学视野中新闻文本的存在态势》,《当代传播》2011 年第 6 期。

值体系和意识形态框架下建构了国外民众对于中国科技实力、国家制度和主流文化的认知。

(二) 品牌与标签:"中国制造"的科技隐喻

品牌发展与国家科技生产力相辅相成,随着全球经济一体化的发展,有学者开始研究企业品牌对国家实力的呈现。2004 年以来,中国企业进入世界 500 强的数量逐年增加,2005—2020 年,中国拥有的世界 500 强企业数量从 4 家上升至 133 家,历史上第一次超过美国(121 家)。数据直观证明,科技生产力水平的提升,在为世界创造大量财富的同时,也展示了我国的国家实力。就我国经济地位和产品质量而言,国外消费者对中国品牌的"来源国偏见"是普遍存在的。国外消费者对于高技术产品的消费决策相对较为谨慎,更容易受一个国家经济发展水平等方面的刻板印象影响,比如消费类电子产品,而这一类产品的品牌形象直接反映国家的生产力水平。

经济全球化的发展,使得企业的品牌形象成为展示一个国家科技实力的重要指标,也是国外消费者了解一个国家的重要窗口。国内学者发现,品牌的竞争力往往是国家实力的重要象征。比如,国家电网有限公司主导编制国际标准 60 余项,提交并立项的 ISO/IEC 标准接近 600 项,电动汽车充换电标准体系与美国、德国、日本等国制定的标准体系并列为世界四大标准体系。在全球消费者眼中,品牌与国家之间存在强相关性。① 近几年,随着我国"走出去"企业自主创新能力的增强,全球消费者逐渐看到中国科技生产力的增强。以华为为例,其坚持进行独立的技术开发,并形成一些专业成果,比如华为启动 WiMAX IOT 测试中心,在英国建立安全认证中心,致力于打造"全能型""全产业链型"企业,涵盖以通信产品为核心的上下游全部环节。企业逐渐成为全球消费者了解一国国家实力的微观载体。

经济全球化的发展,"中国制造"作为中国品牌和跨国企业在国际市

---

① Y. Fan, "Branding the Nation: Towards a Better Understanding," *Place Branding and Public Diplomacy* 6, No. 2 (2010): 97-103.

场上的"代名词"，在衡量一国经济科技发展实力和国家影响力方面的权重日益增长。从 20 世纪 90 年代末到 21 世纪初，"中国制造"逐步进入世界市场。为迅速融入经济全球化进程，居于全球产业链末端的中国出口企业向英美等西方国家大规模出口价格低廉的"中国制造"产品。

中国跨国企业通过商品和服务的无国界生产与流通将世界各国紧密地联系起来，也使得"中国制造"成为全球消费者认识中国的重要窗口。在全球消费者眼中，品牌与国家之间存在强相关性，国家形象往往被受众接受为品牌或产品形象。[①] 不少知名国际品牌已成为所在国国家形象的代表，比如日本的松下和索尼、美国的微软和苹果、德国的西门子和宝马等。

随着全球经济一体化渐成规模，越来越多的学者运用品牌进行国家形象建构，强调塑造国家形象的双向认同，形成了商业品牌与公共外交、商业品牌舆论与国家认同主义两大流派。各学科学者从不同角度出发进行审视，社会学者研究一国形象与国际社会资本间的关系；传播学者思考商业口号与国家形象间的隐喻问题；文化学者探析国家品牌化、文化认同与刻板印象之间的逻辑。

透过"中国制造"这一"具象化"的窗口，全球消费者和各国媒体、政府、企业等对中国企业生产的产品所形成的基本认知和价值判断，成为构筑起中国国家形象大厦的一块块重要基石。近年来，以海尔、联想、华为等为代表的一大批具备全球领先水平的中国跨国企业走向国际市场，"中国制造"的品牌形象正在不断重塑。2020 年 3 月，在《2020 年全球最具价值品牌 500 强》报告中，有 76 个中国品牌上榜，而这一数字在 2018 年仅为 22 个，其中阿里巴巴的品牌价值增速更是位列全球第一。[②] 这一由西方权威媒体发布的报告，以中国跨国企业的品牌成长隐喻的是一个正在崛起的新时代中国的大国形象。

---

① Y. Fan，"Branding the Nation：Towards a Better Understanding，"*Place Branding and Public Diplomacy* 6，No. 2（2010）：97–103.
② 数据来源：新浪财经发布的《2020 年全球最具价值品牌 500 强》。

（三）偏见与质疑："中国制造"的制度隐喻

跨国企业形象不仅是一国经济、科技等领域实力的重要彰显，也暗含着一国对外政治话语与制度话语的映射与隐喻。在各国的制度隐喻之中，往往表现为西方国家的优越性、第三世界及广大发展中国家的落后性，其中，由于意识形态的冲突，对于中国制度的隐喻往往以负面内容居多。学者指出，话语权的优势带来的是制度形象推广的优势，我们很难看到在经济落后国家的优秀制度受到广泛欢迎，却往往能看到西方的各项制度，无论好坏，都被作为成功模式予以推广。

针对此种情形，也有学者对"破局"的方法提出了建设性意见，制度层面上，隐喻的存在不可避免，而实现隐喻的"失败"，更为关键的地方在于制造冲突。的确，在既有的认知框架下，单纯性的解释说明很难达到除旧立新的目的，唯有从"矛盾"的制造入手，通过产品、宣传等一系列的认知冲突实现对既有制度偏见的"不攻自破"。

（四）消费与认同："中国制造"的文化隐喻

国外学者认为，文化通过嵌入企业家的思维模式进入企业的经营决策，并且这种影响的形成往往是潜意识的。比如从儒家文化视角探讨企业治理，主要是围绕"义"和"信"等价值观展开。国内学者认为，受传统家族观念影响，企业极其重视家族存续和家业传承。子承父业的传承方式受到中国家族企业的普遍认同。

"中国制造"的影响力不仅由情感、价值和理想凝结，也由特定社会语境下的话语与文化共同缔造。话语原本是语言学领域中的一个概念，西方话语理论认为，话语始终与社会制度和社会实践密切联系在一起。话语是语言使用和语境的结合体，脱离了政治、经济、社会等现实语境的话语是不存在的。在过去相当长的一段时间里，"中国制造"的话语演变，折射出西方国家对中国跨国企业和国家形象的认知与建构。而作为中国国家形象跨文化传播中最为典型的经济话语，"中国制造"与中美贸易争端、美国制造业的衰落、人权问题等政治话语在公共空间中的深刻互动，也将从文化和价值层面，给新时代中国大国形象的建构与认同带来挑战。

话语本质上就是一种文化实践。"中国制造"对新时代中国国家形象的话语建构，本质上就是跨文化传播语境下中西方文化的对话、交流与互鉴。巴赫金曾经指出，"对话的前提是不同声音之间的交织与论争，差异性是对话的基本原则。对话是不同思想和观念构成的"复调，"而单一的声音"独白"无论多少人加入其中，什么也结束不了，什么也解决不了，两个声音才是生命的最低条件"。新时代中国大国形象的跨文化传播，要跨越的是中西方意识形态与主流文化的历史鸿沟与巨大分野。

改革开放以来，"中国制造"在西方语境中所遭遇的认同危机，本质上可以归结为中西方文化与价值体系所发生的碰撞与冲突。跨国企业，既是新时代中国大国形象与中国文化符号的载体，也是中国文化对外战略传播最为重要的行为主体。"中国制造"是来自中国文化的制造，肩负着向世界解读与传播中国文化和价值体系的任务。"中国制造"不仅是一种"原产地"符号，更是一种商业符号和文化符号。走向全球市场的中国跨国企业，所承载与共享的是中国作为一个东方大国、文明古国的文化意义。而与跨国企业"走出去"的步伐相伴随的，也正是文化的对外传播。

在这一背景下，本部分针对"中国制造"，即中国跨国企业品牌对新时代中国大国形象这一综合议题的表现力和承载力，所要探究的具体问题是：透过"中国制造"这一话语符号，西方媒体所隐喻的中国国家形象是什么样的？西方主流媒体舆论场、社交媒体舆论场与官方舆论场是如何通过中国跨国企业的形象塑造来建构新时代中国大国形象的？如何在跨文化语境中设计长效机制以促进中国跨国企业与新时代中国大国形象话语在中西方文化语境中的平等对话和深入沟通？

二 样本选取与研究设计

（一）研究对象

下文选取以出口"中国制造"产品和服务为主营业务的中国跨国企业品牌形象为研究对象，将"中国制造"品牌主体——中国跨国企业品牌样本库作为抽样框。受近年来中美贸易摩擦、新冠疫情等非常态化因素影响，2019 年、2020 年数据不能反映出实际情况，为避免其对于数据分析结果的干扰，本研究选取 2018 年入选全国 500 强的 93 家浙江省民营出口企业为研究样本。

之所以选择浙江省民营出口企业，原因有二。第一，浙江是民营经济大省，也是我国沿海地区的外贸大省，对"中国制造"品牌形象的塑造具有突出的代表性。2019 年，尽管受到中美贸易摩擦的影响，但前三季度浙江省出口额 1.68 万亿元，同比增长 7.5%，呈逐季上升态势，出口增幅在沿海主要外贸省市中居第 2 位。第二，与国有企业相较而言，我国民营出口企业"走出去"的步伐不仅能够反映出中国国家综合实力的提升，也更能反映出以企业为主体的民间外交、公共外交在塑造新时代中国大国形象中所发挥的作用。

通过大数据辅助内容分析技术，本研究对 2018 年入选全国 500 强的 93 家浙江民企海外形象进行了品牌热度和口碑的系统评估。课题组以 93 家浙江民企中英文名称为关键词，在以谷歌为代表的海外传统机构媒体舆论场和以推特为代表的海外网民自媒体舆论场两大舆论平台上进行抓取抽样，经过数据清洗，共获得谷歌新闻 7903 条、推特推文 11083 条。经过 LDA 主题建模，得到海外浙江民企十三大行业，最后使用 LTSM 模型进行文本情感分析。

（二）研究方法

本研究运用内容分析法、话语分析法、Python 数据挖掘法对样本数据进行深入研究。首先，针对两大情境模式下西方主流媒体舆论场、社交媒体舆论场与官方舆论场三大舆论场，根据行业类别、企业品牌两大关键词进行大数据抓取，使用 LDA 模型进行主题建模，使用 LTSM 模型进行文本情感分析。其次，对品牌相关文本进行内容分析、主题聚类，并对框架立场、行为主体和修辞策略予以探析，考察跨国企业品牌中的国家形象隐喻。

（三）分析框架

1. 战略研究

分析新时代中国大国形象的战略定位与传播诉求。结合中国国家形象国际传播史，对西方社交媒体报道中的中国国家形象进行分析。

2. 机制研究

开展国家形象与跨国企业商业品牌建设互动关系论研究。①两大情境模式下通过大数据抓取以谷歌平台为代表的国际主流媒体机构公共舆论场、以推特为代表的网民消费舆论场、政府白皮书等官方舆论场对中国品牌的评价，分析以上三大舆论场对"中国制造"的认知、情感和消费行为倾向；②国家形象对品牌活动的原产地效应，即良好的国家形象能发挥确立国家龙头产业群、提高国际社会信用等作用；③商业品牌对国家形象联结效应下的品牌晕轮效应，即消费者—产品功能层面—国家与产品相关产业—国家经济、科技、国民形象、国家特质等微观国家形象。

3. 效果研究

进行中国跨国企业商业品牌与新时代中国大国形象塑造的长效互助机制设计，是研究的落脚点。基于国内外受众的认知、情感认同、行为支持三个层面设计量表，测量国际三大舆论场受众的品牌认同效果，开展国家认同相关性研究。

综上所述，国家形象的建构和塑造的研究将按照战略梳理→内容分析→指标建构→数据挖掘→对策建议的思路展开。

三　框架、情绪与隐喻：数据分析与研究发现

本研究聚焦海外互联网媒体，从具体名称、报道主题、媒体情绪、报道隐喻四个方面呈现浙江省民营出口企业形象，探究浙江省民营出口企业在海外互联网媒体中的品牌形象和认同，进而为"中国制造"参与塑造新时代中国大国形象提供研究方法和数据参考。数据分析结果显示，以浙江省民营出口企业为例，"中国制造"已具备一定的海外影响力，但与其不断扩大的世界市场份额和不断增长的经济实力存在明显不平衡现象。

（一）科技隐喻：海外互联网媒体提及的浙江民营出口企业

观察检测期间，海外媒体报道中提及的浙江民营企业中，人本（238次）最多，其次分别是东南网架（200次）、大华技术（186次）、中基宁波（184次）、前程（183次）、海天建设（181次）、巨星控股（176次）、

龙元建设（176 次）、金田投资（172 次）、花园集团（168 次）、海亮（166 次）等。

数据结果显示，海外线上媒体提及的浙江民营企业多从事实业投资，可见浙江民营出口实业投资企业受到了海外媒体的广泛关注。而作为其中科技代表的大华技术股份有限公司，则在中美博弈过程中，因技术竞争博得了更多海外舆论的关注（见图 1）。

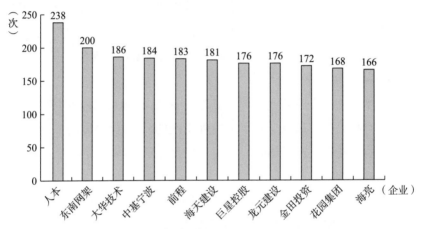

图 1 海外媒体报道中提及的浙江民营出口企业 Top11

在媒体关注度分布上，新兴市场国家数值较高。热衷于报道浙江省民营出口企业动态的机构媒体构成较为多样。突出表现在，除西方传统主流媒体外，还包括大量来自亚洲周边国家和共建"一带一路"的新兴市场国家如巴基斯坦、白俄罗斯等的媒体。同时在新兴市场国家媒体的报道当中，"机会""责任""一带一路"等词频较高，良好的口碑为进一步推动企业拓展海外市场提供了巨大的舆论空间。

另外值得注意的是，一些例如 Newszak（blog）、*South China Morning Post*、Our Market Research、managementjournal24. com 等媒体虽对浙江省民营出口企业关注度较高，但其多偏向负面报道，这对企业科技实力的海外形象传播带来了不小的影响。

（二）制度隐喻：海外机构媒体对浙江民营出口企业的报道主题

海外线上媒体针对浙江跨国企业主要就科技、资本运作、国际关系、经济贡献和产品服务等方面进行新闻报道（见图2）。

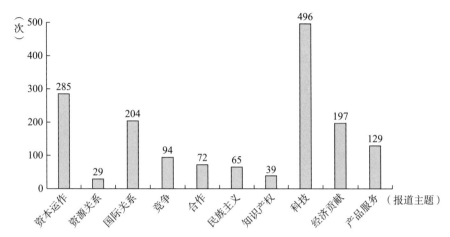

图2　海外机构媒体对浙江省民营出口企业的报道主题 Top10

在议程主题上，浙江民营出口企业工业能力受到重点关注。谷歌和推特信息的主题分类统计表明，关于浙江省民营出口企业工业能力的资讯在海外报道中占比较大。其中，两大舆论平台关注议题呈现出显著差异，表现在自媒体主要关注汽车制造（2681次）、食品饮料（572次）两大领域，而机构媒体则比较重视建筑装饰（1130次）、电气设备（803次）、化工（758次）、商业贸易（453次）等，这在一定程度上体现出两大舆论平台间关注议题的互补性。

在行业分布上，大多优势产业没得到应有关注。数据分析显示，外媒对浙江省民营出口企业的关注点主要集中于移动支付服务与汽车制造行业，而对其他重点产业和领域的关注度普遍不高。从谷歌平台上看，报道次数位居第一的东南网架与位居第十的大自然钢业差距仅为20%左右。而在推特平台上，信息量位居第一的吉利控股（4676次）与第二位的农夫山泉（572次）就相差约7倍，与排在末位的企业相差更达5000多倍。这种品牌认知度的巨大差异体现出浙江省八大万亿产业海外传播力与其经济实力的不相符。

（三）文化隐喻：对浙江民营出口企业形象外媒报道的情绪分析

新闻媒体报道的内容偏向，在谷歌和推特的情绪分析中一览无余。两者作为线上主要的新闻媒介，在情绪分析层面近乎相同。以美国为首的西方国家在报道过程中，大部分仍凭借主观情感进行观点阐述，同时也散有一些客观性态度。我们不难看出，海外线上媒体对浙江民营经济的报道呈现出主观消极偏多、辅以客观积极的特点（见图3、图4）。

诚然，美国媒体更倾向于以主观且消极的姿态进行描述，但浙江省民营出口企业在科技兴国的战略部署下，不断通过创新发展在科技、实业等领域取得了长足进步，这也促使美国媒体不得不开始使用客观且积极的态度来面对中国大国形象的建构。

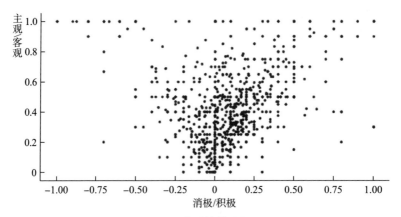

图3　谷歌情绪分析

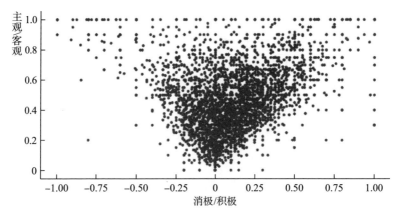

图4　推特情绪分析

在情感倾向上，不同行业和主题之间呈现失衡态势。在情绪方面，半数以上的报道为中性，但负面报道占比仍达44%。具体来看，推特平台上网民群体对浙江民企的形象认知具有很大分歧，正面报道较多的企业，其负面报道往往也很多。但在谷歌平台上则有所不同，体现在正面报道从高到低排序依次为"东南网架""海天建设""前程""巨星控股""花园集团"，负面报道从高到低排序依次为"龙元建设""升华集团""华太建设""正泰""中基宁波"。这表明企业在海外的两大舆论场没有形成整合传播态势。

从行业角度来分析，对建筑装饰、时尚、旅游、娱乐、成品油、电子及通信、房地产、医药生物、物贸流通等行业以正面评价为主，对饮料、汽车部件、汽车电池、有机硅等行业的态度则更多具有负面性。

从主题上看，正面评价的关键词集中在"便宜"（123 次）、"收入"（101 次）、"投资"（94 次）、"共享"（84 次）、"速度"（70 次）和"质量"（55 次）等，这也能看出浙江民企产品的高性价比、高服务水准得到了肯定。而负面评价的关键词集中在"创新""安全""环保"等贸易保护主义色彩浓厚的词语，可见海外线上媒体主要对浙江省电子技术行业企业缺乏创新、位于生产链下游，以及在食品安全领域对生态环境的潜在威胁进行批判。

（四）外媒对浙江企业形象报道的隐喻分析

浙江省跨国企业在全球范围内的发展受到了海外线上媒体的广泛关注，笔者通过对其报道信息进行整理，归纳出其中涉及的品牌形象隐喻，主要有品牌硬实力（经贸、科技、法律）与品牌软实力（企业形象、生态环境、企业文化）两个维度（见表 1）。

表 1　外媒报道中的隐喻使用

单位：次

品牌实力	类别	隐喻	数量
品牌硬实力	经贸	投资、合作、承诺、品质、能源、担保、战略、释放、选择、问题、市场、竞争、协议、流动性、威胁、收购、战争	17
	科技	机会、技术、过程、能力、发展	5
	法律	欺诈、专利、批准、争议、投诉、舞台、选项、风险、事故、纠纷、安全性、漏洞	12

续表

品牌实力	类别	隐喻	数量
品牌 软实力	企业形象	伤害、捐赠、成就、所有权、停滞、主导、舞台、产品质量、关键、责任、盗窃、领导、基础、挑战者、威胁、欺诈、竞争力、意识形态	18
	生态环境	可持续、威胁、伤害、约束、生命	5
	企业文化	功能、过程	2

其中，经贸、法律、企业形象这三个方面在所归纳的隐喻中占比较大。以企业形象类的隐喻为例，虽然有少数媒体肯定了浙江省企业在海外投资过程中的正面形象，如关于正泰公司的报道中就有如下表达：

Astronergy has been continuously investing in and optimizing its manufacturing lines since 2014, in order to ensure its production in Germany is always at the cutting edge of technology.

Our customers have faith in us thanks to our consistent product quality, our close, long-standing partnerships and the whole set-up of the company, with the backing of an extremely strong international group.

该报道强调了正泰集团为实现更高的吞吐量而不断对其在德国的生产线进行升级，同时注重保障产品的质量，以确保其在德国乃至欧洲的竞争力。而 product quality 等隐喻，激活了品质架构与竞争架构，推动读者对正泰集团的一系列生产过程形成正面认识，从而认同我国企业在国际建设发展中所充当的积极角色。

但综观各种隐喻的使用，我们不难发现，包含负面情绪的隐喻仍占多数，如：

"Make in India" programme could well be China as it threatens to dominate both the local market and where India traditionally exports.

Nongfu Spring's intended expansion is either an ideological opposition to overseas ownership of the water resource, or that the company does not pay a levy for the use of the resource.

上述两则分别涉及吉利集团与农夫山泉的报道中，分别用 threatens 以及 ideological opposition 激活了威胁架构与意识形态对抗架构，两个负面的架构体现了外国媒体存在认为中国会利用对外投资建设进行意识形态输出的无根据的担忧，反映出由于中国企业在海外投资、建设融入度的快速提升，可能给对象国在生态环境保护、自身品牌成长、产品质量保证、资源有偿利用等方面造成潜在威胁。

四　思考与结论

西方媒体语境中，"中国制造"所面临的刻板印象与形象危机，体现了中西方话语在政治、经济、文化等诸多领域的碰撞，也反映了不同国家综合实力与国际影响力在国际舞台上的较量。"中国制造"的品牌形象与海外认同，是新时代中国大国形象的重要彰显。而要通过"中国制造"赢得海外消费者对中国产品与服务的青睐和对中国日新月异的经济科技实力的认可，并进一步将由"中国制造"建立起来的认知与情感转移到对新时代中国大国形象的文化感知与价值认同上来，中国跨国企业还有很长一段路要走。

一方面，中国跨国企业要明确自身定位，找准"中国制造"品牌话语的符号载体。应以企业为主体，由各级政府提供配套支持，协调国内媒体增加用国际通用语言报道企业的频率，帮助一些中小型企业解决传播资源和文化交流平台匮乏的问题，使"关键词"成为海外媒体传播"高频词"。另一方面，要强调双向互动，跨越国家形象话语中的文化樊篱，官方、民间等多种话语体系协同发力，在跨文化语境中最大限度地消除误解与隔阂，破除西方媒体语境中长期以来存在的情感、态度和观念上的刻板印象，由此进一步建构起国际社会对"中国制造"、中国跨国企业和中国形象的普遍认同，牢牢掌握新时代中国大国形象塑造的话语权。

参考文献：

万安伦、刘浩冰：《新中国 70 年出版"走出去"的路径、特征及前景》，《出版发行研究》2019 年第 12 期。

于越、张海、王潇：《借助中华优秀传统文化符号传播新时代中国国家形象——评〈中国国家形象与文化符号传播〉》，《新闻与写作》2019 年第 12 期。

何娟、王习贤：《习近平中华文化国际传播观的理论体系》，《湖湘论坛》2019 年第 6 期。

刘光英、王雪梅：《"一带一路"视域下中国影视作品海外发行的机遇、困境与策略》，《电视研究》2019 年第 9 期。

牛天：《利益相关者视角下国家形象的建构》，《人民论坛》2019 年第 6 期。

张昆：《理想与现实：40 年来中国国家形象变迁》，《人民论坛·学术前沿》2018 年第 23 期。

王海洲：《国家形象战略的理论框架与中国方案——基于象征政治学的探索》，《上海行政学院学报》2018 年第 4 期。

蒙象飞：《人类命运共同体视阈下的中国国家形象传播》，《云南社会科学》2020 年第 4 期。

黄楚新：《中国形象的"他塑"与"自建"》，《人民论坛》2020 年第 16 期。

蒋积伟：《新中国成立以来国家形象的历史变迁》，《华南师范大学学报》（社会科学版）2019 年第 6 期。

陈金龙：《新中国成立初期人民形象的建构》，《复旦学报》（社会科学版）2019 年第 6 期。

舒咏平、胡靖：《"国家品牌传播"提出的逻辑》，《学术界》2018 年第 4 期。

张昆、王孟晴：《国家品牌的内涵、功能及其提升路径》，《学术界》2018 年第 4 期。

蒙象飞：《中国国家形象话语体系建构中的符号媒介考量》，《云南社会科学》2017 年第 5 期。

张昆、王创业：《疏通渠道实现中国国家形象的对外立体传播》，《新闻大学》2017 年第 3 期。

吴献举：《国家形象跨文化生成机制探究——基于主体认知的分析视角》，《学术论坛》2017 年第 2 期。

〔美〕罗伯特·基欧汉、约瑟夫·奈：《权力与相互依赖》，门洪华译，北京大学出版社，2012。

汤光鸿：《论国家形象》，《国际问题研究》2004 年第 4 期。

A. Nagashima，"A Comparative 'Made in' Product Image Survey among Japanese Business-men"，*Journal of Marketing* 41，No. 3（1977）.

〔美〕乔治·莱考夫、马克·约翰逊：《我们赖以生存的隐喻》，何文忠译，浙江大学出版社，2015。

覃岚：《理解新闻：隐喻认知框架下的交流》，《湘潭大学学报》（哲学社会科学版）2017 年第 5 期。

薛可、梁海：《基于刻板思维的国家形象符号认知——以〈纽约时报〉的"西藏事件"报道为例》，《新闻与传播研究》2009 年第 1 期。

王海忠、李骅熹：《提升"中国制造"国际品牌形象的国家战略》，《中山大学学报》（社会科学版）2017 年第 3 期。

M. W. Meyer，"Editors' Forum-Made in China：Implications of Chinese Product Recalls,"*Management and Organization Review* 4，No. 2（2008）.

S. Anholt，"Nation-brands of the Twenty-First Century,"*Journal of Brand Management*，5. 6（1998）.

N. Kaneva，"Nation Branding：Toward an Agenda for Critical Research,"*International Journal of Communication*，No. 5（2011）.

Z. Volcic，"Former Yugoslavia on the World Wide Web：Commercialization and Branding of Nation-States,"*International Communication Gazette Formerly Gazette* 70，No. 5（2008）.

D. Iordanova，"Cashing in on Dracula：Eastern Europe's Hard Sells,"*Framework the Journal of Cinema & Media* 48，No. 1（2007）.

J. Austin，*How to Do Things with Words*，Beijing：Foreign Language Teaching and Research Press，2002.

N. Fairclough，*Discourse and Social Change*，Cambridge：Polity Press，1992.

施旭：《文化话语研究：探索中国的理论、方法与问题》，北京大学出版社，2010。

〔苏联〕M. 巴赫金：《陀思妥耶夫斯基诗学问题》，白春仁、顾亚铃译，生活·读书·新知三联书店，1992。

郑雷、江苏佳：《企业战略与国家形象传播——以华为公司为例》，《青年记者》2017 年第 3 期。

参考文献

一 中文文献

吴旭：《为世界打造"中国梦"》，新华出版社，2009。

〔美〕约瑟夫·奈：《软实力》，马娟娟译，中信出版社，2013。

周鑫宇：《中国故事怎么讲》，五洲传播出版社，2017。

王义桅：《讲好中国故事要实现"三超越"——以如何讲好"一带一路"故事为例》，《对外传播》2015 年第 9 期。

王义桅：《中国故事的传播之道》，《对外传播》2015 年第 3 期。

王越、王涛：《文化软实力提升中国话语权探究》，《东北师大学报》（哲学社会科学版）2013 年第 5 期。

任孟山：《国际传播的路径逻辑：从能力到效力》，《对外传播》2017 年第 1 期。

张恒军：《"一带一路"倡议与当代中国价值观的国际传播》，《传媒》2017 年第 15 期。

王义桅：《表达中国融通世界》，《人民日报》2015 年 9 月 1 日。

胡晓明：《如何讲述中国故事？——"中国文化走出去"的若干理论与实践问题》，《华东师范大学学报》2013 年第 5 期。

徐占忱：《讲好中国故事的现实困难与破解之策》，《社会主义研究》2014 年第 3 期。

蔡名照：《讲好中国故事 传播好中国声音——深入学习贯彻习近平同志在全国宣传思想工作会议上的重要讲话精神》，《对外传播》2013 年第 3 期。

吴瑛、张洁海：《中国智库传播中国声音——基于国际媒体引用视角的评估》，《国际观察》2015 年第 3 期。

刘彤、于宁：《从"大时代"到"微时代"看中国故事的群众表达》，《四川戏剧》2014 年第 7 期。

张妍：《多策并举 讲好中国故事》，《中国社会科学报》2015 年第 4 期。

周根红：《讲述中国故事与影视叙事的话语建构》，《中国广播电视学刊》2015 年第 9 期。

李宏策：《G20：讲好"中国故事"的契机》，《科技日报》2016 年 9 月 5 日。

李子祥：《新形势下讲好中国故事的路径探索》，《前沿》2014 年第 8 期。

张岩：《习近平讲述的中国故事》，《中国报道》2016 年第 5 期。

郭尧：《讲好中国故事 提高国际话语权——专访中国传媒大学副校长、博士生导师胡正荣》，《国家治理》2015 年第 26 期。

李德顺：《对其说"不"并非高明》，《人民论坛》2014 年第 4 期。

孙敬鑫：《借"中国关键词"讲好中国故事》，《对外传播》2016 年第 2 期。

周鑫宇：《用"新"讲好中国故事》，《中国教育报》2013 年 12 月 27 日。

房宁：《讲好中国故事的"舍"与"得"》，《光明日报》2015 年 11 月 14 日。

陈雪飞：《讲中国故事要有受众意识》，《社会观察》2015 年第 6 期。

高晓红、赵晨、赵希婧：《中国特色国际新闻传播人才培养模式与创新》，《对外传播》2015 年第 6 期。

二 英文文献

A. D. Fina, *Identity in Narrative*：*A Study of Immigrant Discourse*, Philadelphia：John Benjamins Publishing Co., 2003.

D. Herman, *Narrative Theory and the Cognitive Sciences*, Stanford：CSLI Publications, 2003.

Y. Y. Kim, *Becoming Intercultural*：*An Integrative Theory of Communication and Cross-cultural Adaptation*, Thousand Oaks：Sage Publications, Inc., 2001：192–194.

R. McKee, "Storytelling That Moves People," *Harvard Business Review* 81, No. 6 (2003): 51-55.

E. Rose, "Pema's Tale: Intercultural Communication as Storytelling," *Narrative Works: Issues, Investigations, & Interventions*, No. 1 (2011): 52-62.

L. E. Sarbaugh, *Intercultural Communication*, New Brunswick: Transaction Books, 1988.

J. Bruner, "Life as Narrative," *Social Research* 54, No. 1 (1987): 11-32.

后　记

　　2025 年 6 月底，周琼老师团队通知我这本书进入第三轮编校的时候，正值杭州告别梅雨季，进入 40℃ 高温的时候。两年来这本书修订过两轮，就像漫长的梅雨季一样，每次修订都要回头再翻当年的抓取样本和调查数据。由于时间太长，有些抓取的样本链接失效，又或者找不到当年的编码员问卷。每次校对的时候都想下次不要再做数据分析调查了，数据容易失效，而且也为难编辑老师矫正图表。但是到最终能出版的时候，心情又像 40℃ 的杭州天气一样艳阳高照。特别是经过前段时间山东淄博烧烤、贵州黔东南村超、黑龙江哈尔滨冰雪大世界、甘肃天水麻辣烫的火爆出圈，重庆荣昌和江苏近期又相继蹭了一波流量。经过这些现象级城市活动以后，各地政府都愿意在城市活动策划方面下功夫。城市大型活动与城市形象的深度融合，不仅增强了本地居民和其他地域民众的城市文化认同感，同时也对提升省内及跨省文旅消费活力具有积极的推动作用。城市大型活动营造出来的城市氛围感，以"情绪链接"强化了所在城市的在地文化独特性。

　　华南师范大学旅游管理学院会展经济与管理系主任、教授李军建议，首先，城市活动要以"情绪链接"强化在地文化独特性，避免同质化，深挖本土文化 IP 符号，用"人情味"和"烟火气"包装体验，制造情感共鸣点。其次要以"全民参与式"推动传播生态。政府搭台，鼓励市民、商户、自媒体共创内容，善用短视频平台发起挑战赛，借 UGC 内容裂变扩散，让更多市民及游客主动参与。最后，以"热点+"延长消费链条。爆点需衔接深度城市消费场景，将短期流量转化为住宿、餐饮、文创的可持续消费。武汉体育学院新闻传播学院的王雪莲教授建议，要打造"赛事—

文化—城市"联动网络，以大型赛事场馆为锚点，串联举办赛事城市所在地的"一程多站"特色游线，用"体育+文化 IP"制造差异化城市文化情绪体验。本书的第二章中武网的调查数据就来自王雪莲教授的团队支持。感谢华中科技大学新闻与信息传播学院的陈先红教授，其团队对讲好中国故事的理论框架启发了我，让我又重温了聆听师长谆谆教诲的校园时光。还有我众多媒体圈的同学，比如广州日报社的罗磊同学跟我多次探讨城市大型活动的文旅转化，湖北日报社的周刚同学给我讲媒体大型活动如何策划经营和投入广告。这些都给予本人未来继续关注这个话题的研究方向。

最后感谢周琼编审的团队，本书从最开始的乌镇科技峰会的调查到现在已经历近十年，书的数据和样本内容核查工作非常繁琐，编辑老师们依然看重本书的价值，一直联系督促我修正，不要放弃。感谢人生路上有幸相知相遇。

王　井

2025 年 6 月

图书在版编目（CIP）数据

国家级大型活动传播国家形象的路径与对策／王井
著 . --北京：社会科学文献出版社，2025.7. --ISBN
978-7-5228-5190-7

Ⅰ . D6；G206

中国国家版本馆 CIP 数据核字第 20251XK490 号

国家级大型活动传播国家形象的路径与对策

著　　者／王　井

出 版 人／冀祥德
责任编辑／周　琼
文稿编辑／张静阳
责任印制／岳　阳

出　　版／社会科学文献出版社·马克思主义分社（010）59367126
　　　　　地址：北京市北三环中路甲 29 号院华龙大厦　邮编：100029
　　　　　网址：www. ssap. com. cn
发　　行／社会科学文献出版社（010）59367028
印　　装／三河市东方印刷有限公司

规　　格／开 本：787mm×1092mm　1/16
　　　　　印 张：11　字 数：173 千字
版　　次／2025 年 7 月第 1 版　2025 年 7 月第 1 次印刷
书　　号／ISBN 978-7-5228-5190-7
定　　价／85.00 元

读者服务电话：4008918866